Manfred Otzelberger

MARTIN SCHULZ – DER KANDIDAT

Manfred Otzelberger

MARTIN SCHULZ – DER KANDIDAT

DIE BIOGRAFIE

HERDER

© Verlag Herder GmbH, Freiburg im Breisgau 2017
Alle Rechte vorbehalten
www.herder.de

Umschlaggestaltung: Verlag Herder
Umschlagfoto: dpa Picture-Alliance

Satz: Daniel Förster, Belgern
Herstellung: CPI books GmbH, Leck

Printed in Germany

ISBN 978-3-451-37895-9

Inhalt

Anhang – Familie und Sympathisanten, Wegbegleiter und Gegner: Kurzinterviews zu Martin Schulz

Doris Harst, Schwester von Martin Schulz • Simone Fleischmann, Lehrerverbandspräsidentin • Bernd Thränhardt, Anti-Alkohol-Coach • Arno Nelles, Bürgermeister von Würselen • Achim Mallmann, Karnevalist • Matthias Dovermann, Spaßbad-Chef in Würselen • Jürgen Flimm, Theaterregisseur • Gunter Gabriel, Sänger • Hermann Bühlbecker, Süßwarenfabrikant • Klaus Staeck, Künstler • Manfred Güllner, Wahlforscher • Alexander Graf Lambsdorff, stellvertretender EU-Parlamentspräsident • Katja Suding, FDP-Chefin in Hamburg • Ulla Schmidt, Ex-Gesundheitsministerin • Jens Spahn, CDU-Vordenker • Ingo Friedrich, CSU-Europapolitiker • Ulrich Maly, Nürnberger Oberbürgermeister • Katharina Barley, Generalsekretärin der SPD • Bodo Ramelow, Ministerpräsident von Thüringen • Susi Neumann, Putzfrau • Hans-Olaf Henkel, Liberal-Konservative Reformer • Johanna Uekermann, Juso-Vorsitzende

Einleitung –
Der richtige Moment?

»Wenn Martin Schulz ins Wasser springt, wird er nicht nass. Das Wasser wird sozialdemokratisch.« Ein Witz, der seit Februar 2017 im Internet verbreitet wird. Der große Satiriker Harald Schmidt dämpft die Schulz-Begeisterung etwas mit folgender Pointe, die auf eine spektakuläre Handy-Rückrufaktion bei Samsung anspielt: »Martin Schulz ist das neue Galaxy Note der SPD. Hoffentlich brennt ihm der Akku nicht durch.«

Klar, es sind nur Witze, aber Witze spiegeln immer auch ein Stück Wirklichkeit.

Die schaut im Jahr 2017 plötzlich so aus: Politik ist nicht mehr berechenbar langweilig, Politik ist eine Wundertüte. Man weiß nicht, was drin ist, man weiß nicht, was rauskommt. Und Politik wird wieder das, was sie in der Demokratie sein soll: ein Wechselspiel der Gunst, aus neuen Stimmungen werden Stimmen. Nichts ist in der Demokratie so beständig wie die Veränderung.

Das Phänomen Schulz beschäftigt alle, die sich auch nur ein wenig für das Wohl des Landes interessieren – wird sein Aufstieg 2017 bestimmen, wird er der Mann des Jahres, der die Kanzlerin stürzen kann? Ist er nur ein »Illusionskünstler«, wie ihn die *Frankfurter Allgemeine Zeitung* beschreibt, oder ein deutscher Obama? *Spiegel.de* jedenfalls findet: »Und ob *he can*« Ist seine Zeit gekommen? Es scheint so, mit aller Vorsicht formuliert, als ob da ein Knoten geplatzt ist, ein Fenster geöffnet wurde. Der Mief der Behäbigkeit bei den Sozialdemokraten, ja bei der deutschen Politik insgesamt, wirkt wie weggeblasen.

»Time is on my side, yes it is« singen die Rolling Stones. Martin Schulz hat das in seiner Jugend gehört, über perfekte Momente in der Politik hat er lange nachgedacht. Schließlich war er schon vor dreißig Jahren Bürgermeister in der nordrhein-westfälischen Kleinstadt Würselen und danach, mehr als zwei Dekaden lang, in Brüssel und Straßburg EU-Parlamentarier. Er ist dennoch kein klassischer Karrierist – aber durchaus ein entschlossener Machtmensch, einer der vorneweg laufen will. Wann ist es Zeit zum Springen? Zur Veränderung? Die alte Rolle des Mr. Europa, aus Berliner Perspektive letztlich eine Nebenrolle, hinter sich lassen, ohne sich davon zu distanzieren?

Ein Machtmann nimmt Witterung auf

Schulz tritt sehr spät als ein Hauptdarsteller in das Zentrum der deutschen Politik. Normalerweise gilt die Regel: Wer zu spät kommt, den bestraft das Leben. Das Bonmot von Michail Gorbatschow, gemünzt auf die verdatterten Greise des DDR-Politbüros, ist ein politisches Gesetz – und bereichert als geflügeltes Wort den allgemeinen Sprachgebrauch, weil es auch für den Durchschnittsbürger auf fast alle Lebenssituationen anwendbar ist. Aber in der Politik ist dieser goldene Satz nur die Hälfte der Wahrheit. Hier gilt oft auch das Prinzip: Wer zu früh kommt, den bestrafen die Wähler – und am Ende kann ein Kanzlerkandidat so zerzaust und mitleidserregend dastehen wie der harmlose Frank-Walter Steinmeier 2009 oder der als geldgierig geschmähte Peer Steinbrück bei der Bundestagswahl 2013.

Es kommt also neben der politischen Performance auf das Timing an, wenn eine politische Figur die Bühne betritt. Ein Politiker muss das Momentum für sich haben, den Instinkt für den idealen Augenblick, die Kunst, zur richtigen Zeit am richtigen Platz zu sein. Martin Schulz hat, wie es aussieht, das Momentum, er hat einen Lauf – egal ob es pures Glück ist oder Ergebnis strategischer Weitsicht.

»Jetzt ist Schulz« und »Zeit für Martin« jubeln seine Anhänger, seit ihn Sigmar Gabriel zum Kanzlerkandidaten ausrief. Kaum zu glauben eigentlich: Innerhalb kürzester Zeit hat der neue Vorsitzende der SPD eine fast schon depressive Partei wieder stolz gemacht. Plötzlich ist gar das Undenkbare möglich, der Sieg gegen »Mutti Merkel«. Bei den Sozialdemokraten pfeifen sie seit dem 24. Januar, dem Tag der Kandidatenkür, innerlich den Gassenhauer »So ein Tag, so wunderschön wie heute, der dürfte nie vergehen...« Sie, denen niemand mehr einen kraftvollen Wahlkampf geschweige denn den Wahlsieg zugetraut hat, berauschen sich plötzlich an sich selbst und ihrem Chef. In der ältesten deutschen Partei, die nie ihren Namen ändern musste, werden deftige Plakate hochgehalten, die auch schlichte Naturen verstehen: »Martin, du geile Sau!«. Das sagt alles. Schulz wirkt wie ein Brustlöser.

Und er zieht auch immer mehr Nichtsozis in seinen Bann. Je nach Umfrage hat der ebenso freche wie fröhliche Bartträger aus dem Rheinland der seit Jahren chronisch darniederliegenden Sozialdemokratie in den ersten Monaten nach seiner Nominierung hohe einstellige, wenn nicht zweistellige Prozentzuwachswerte beschert. Mehr noch: Über 10 000 Menschen sind in nur wenigen Wochen in die SPD eingetreten, die Parteibücher sind ihr an manchen Orten ausgegangen – ein Mangel als Glücksgefühl. Wer hätte das gedacht: Der Ex-Bürgermeister, der ehemalige Präsident des Europäischen Parlaments, den bis vor Kurzem vor allem Politikinsider und Europaexperten näher kannten – er ist der *Shooting Star* der Berliner Republik.

Allerdings: Wer so schnell aufsteigt, kann auch schnell wieder fallen. Wenn Journalisten eine neue Figur hochschreiben, begleiten sie diese auch gerne wieder beim Abstieg. Aber ob man Martin Schulz nun mag oder nicht, ob man ihn für einen Dampfplauderer oder den Erlöser hält: Man muss ihn ernst nehmen. Fest steht: Politik ist durch sein Auftauchen auf der Bundesebene wieder spannend geworden. Wahlforscher sprechen von einem Wunder, einen derartigen Popularitätsgewinn von rund zehn Prozent in so kurzer Zeit haben sie in der jüngeren Vergangenheit noch nie erlebt. Sie staunen – und wer redet heute noch von Peer Steinbrück, der zu Beginn seiner glücklosen Kandidatur seine Partei auch mal über die 30-Prozent-Marke gehievt hatte, nur um dann wieder abzustürzen?

Dieses Mal scheint alles anders. Der Trend scheint ein Genosse zu sein, er ist stabil, verstetigt sich. Journalisten überschlagen sich mit Vergleichen und Überhöhungen. Der *Spiegel* titelt mit der ironischen Zeile »Der heilige Martin«, der *Focus* hält ganz ernst gemeint mit »Der Scheinheilige« dagegen, die *Bild am Sonntag* widmet dem Neuen drei doppelbödige Worte: »Alternative für Deutschland?« Egal, was diese meinungsbildenden Blätter schreiben: Entscheidend ist, dass sie Schulz zum Thema machen und seinen Bekanntheitsgrad laufend vergrößern. Und sich ganz offensichtlich freuen, dass der Bundestagswahlkampf ein frisches Gesicht hat, das den ganzen politischen Betrieb durcheinanderwirbelt. Und mit dem sie Auflage und Geschäft machen können.

Wie lässt sich so eine rasante Veränderung der politischen Stimmung in der SPD und in Deutschland insgesamt erklären? Das fragen sich viele. Kein Zweifel: Der Überraschungseffekt war wichtig. Da steht plötzlich ein überzeugender Kandidat zur Wahl, ein Mann, der vor Begeisterung sprüht und gerne zuspitzt, ein Herausforderer, der an seine eigene Bedeutung glaubt, ein Außenseiter, der die Favoritin stürzen will, ein volksnaher kantiger Typ, mit dem sich nicht wenige Menschen identifizieren können.

Doch das allein genügt nicht. Wie es aussieht, trifft er auf eine immer müder werdende Kanzlerin, die nach knapp 12 Amtsjahren ihre besten Tage plötzlich hinter sich hat. Eben noch wirkte sie wie ein Hort der Stabilität in unruhigen Zeiten. Vorbei. Und dann auch die ewigen Querschüsse aus der bayerischen Schwesterpartei CSU. Die herzliche Abneigung, mit der sich Angela Merkel und Horst Seehofer verbunden sind, war in den letzten zwei Jahren nicht zu übersehen. Sie wirken wie ein griesgrämiges Ehepaar, das sich längst auseinandergelebt hat. Merkel ist angeschlagen. »Ich rieche ihre Schwäche«, findet Arbeitsministerin Andrea Nahles, die am Kabinettstisch Tuchfühlung hat. Machtmann Schulz hat Witterung aufgenommen – und will sie zur Strecke bringen. Weil er sich »gefühlt und faktisch « für den besseren Kanzler hält.

Brüchige Biografie mit Kanten

Im plötzlich elektrisierenden Ringen hat Schulz einen entscheidenden Vorteil – seine Biografie. Im Gegensatz zu Merkel kommt er von ganz unten. Und er hat eine Story anzubieten, die viele Menschen fasziniert: Vom Saulus zum Paulus, vom Verirrten zum Vorbild, vom armen Jungen (»Ich bin der Sohn einfacher Leute«) zum Spitzenpolitiker. Er ist griffig, nicht aalglatt, er löst keine Gleichgültigkeit aus, er erscheint mutig und echt, als das Gegenteil eines Strebers, nicht als Karrierist.

Ein bisschen erinnert seine wilde Vita an den Taxifahrer und Steinewerfer Joschka Fischer, der – auch ohne Abitur und Uni – keinen kalt ließ und mit seiner mitreißenden Redekunst die Ökopartei von Erfolg zu Erfolg führte. Frechheit siegte und trug ihn bis zum Außenminister – mehr ging als Grüner nicht.

Für Schulz' Ansprüche wäre das zu wenig. Er will nach ganz oben. Mit der Methode: Wenn du eine Schwäche hast, mache sie zu deiner Stärke. In der Tat: Schulz hat aus seinen Wunden ein Wunder gemacht. Stünde er sonst da, wo er steht? Sein Leben war phasenweise ein Drama, das die stets um Sachlichkeit bemühte Pfarrerstochter Angela Merkel, in der DDR eine abwartende Mitläuferin, nicht anzubieten hat. Die ihr eigene umsichtige Vorsichtigkeit erklärt dabei, warum sie als Kanzlerin bis heute eher moderiert als führt. Den Kopf lieber nicht zu weit rausstrecken – lange funktionierte das, durchaus als Erfolgsrezept. Und nun?

Ganz anders Schulz. Ganz anders seine Prägung. Ganz anders sein Politikstil. Er kennt die tiefen Löcher in der eigenen Geschichte, die Verzweiflung, wenn Lebensträume zerplatzen. Er verhehlt sie nicht. Eine schwere Knieverletzung beendete seinen Traum vom Fußballprofi – und er glitt jahrelang als junger Mann in den Alkohol ab. Dass er nicht völlig in der Gosse landete und heute überhaupt noch lebt, lag an seiner starken Familie, die ihn nie fallen ließ. Er besiegte seine Sucht, es gab, zumindest soweit bekannt, nie einen Rückfall. Der Zügellose wurde diszipliniert. Hinfallen darf man, aber nicht liegen bleiben – das ist sein Lebensmotto. Er stürzte, aber er blieb nicht liegen. Im Gegenteil: Seine Stürze trieben ihn noch mehr an. Ein Motiv, das vielen Respekt abverlangt. Und so ist es heute möglich, dass ein trockener Alkoholiker mit wachsenden Chancen nach dem höchsten Regierungsamt greift.

Das ist Deutschland 2017 – es gilt: Jeder hat das Recht, sich neu zu erfinden. Oder besser: Das galt schon immer, vor allem in den 1960er- und 70er-Jahren, als das Versprechen »Jeder kann aufsteigen – durch Lernen und ehrliche Arbeit« das Land nach vorne trieb. Das Versprechen beinhaltete im Übrigen, dass allen, die es nicht alleine schaffen, geholfen wird. Längst aber glauben diese in die Jahre gekommene Botschaft immer weniger. Vor allem seit Weltfinanz-, Euro- und Flüchtlingskrise wächst das Unbehagen am »System« und an den politischen und wirtschaftlichen Eliten. Die fetten Jahre erscheinen für viele vorbei, zu zahlreich sind die Krisen allerorten. »Die Welt ist aus den Fugen geraten, wo ist der Kitt, der die Gesellschaft zusammenhält?«, fragte Frank-Walter Steinmeier noch als Außenminister. Und nun? Desorientierung? Wohin soll die Reise gehen? Und dann kommt plötzlich Schulz und erinnert mit seinem Aufstieg und seinen Kanten, mit seinen Siegen, Brüchen und Narben daran, was alles möglich ist. Einer mit Zuversicht, ein Neuer – der noch dazu Erfahrung hat. Mit ihm scheint sich plötzlich eine schöne alte Sehnsucht breitzumachen. Auch bei der jungen Generation. Vielleicht gerade bei ihr.

Dabei ist es gleichgültig, dass der Kandidat die Flasche durch die Droge Politik ersetzt hat. Im Bundestag, den er als Berliner Quereinsteiger ja noch nicht kennt, wird er viele heimliche Trinker treffen, die das nicht geschafft haben. Dieser Sieg über sich selbst ist ebenso bemerkenswert wie die Tatsache, dass Schulz kein Abitur hat – noch nicht mal auf dem zweiten Bildungsweg. Zweimal ist er durchgefallen und resignierte vor dem schnöden Lehrstoff, der ihn damals kaum interessierte. Mit Mathematik und Naturwissenschaften konnte er nichts anfangen, da nutzte das ganze Interesse für Sprachen, Geschichte und Deutsch nichts. Das Leben hat ihn klug gemacht, nicht die Schule.

Menschenfischer, Geschichtenerzähler

So ein Scheitern in einer Lebenskrise kennen viele. Auch darüber kommt man ins Gespräch, auch so etwas schafft Nähe. Schulz ist kein perfekter Erfolgsmensch. Gerade das spricht an. Im Unterschied zu Angela Merkel kann man sich ihn mit seiner Lust an der Selbstdarstellung, aber auch am Zuhören, an jedem Stammtisch vorstellen. Und danach wird er viele umgedreht haben. Wer ihn öfter erlebt hat, versteht: Schulz hat nicht vergessen, woher er kommt, er kann sofort auf das Volkstümliche umschalten, die sogenannten kleinen Leute fühlen sich von ihm ernst genommen. Er ist ein Menschenfischer, der mit einprägsamen Geschichten fesselt.

Und mit 61 Jahren ist er voller Energie. In diesem Alter sind manche schon in Frührente, zumindest in geistiger. Schulz dagegen fühlt sich auf dem Höhepunkt seiner politischen Leistungskraft. Vielleicht auch, weil er in seiner Jugend so viel Zeit mit Unsinn vergeudet hat. Die Kanzlerin, die beinahe gleich alt ist, wirkt deutlich mitgenommener, die Jahre der Macht zehren an jedem, es ist der anstrengendste Job, den Deutschland zu vergeben hat. Schulz hat als EU-Parlamentspräsident deutlich bequemer gelebt, auch wenn er wohl genauso umtriebig wie Merkel war und noch mehr Flugkilometer zurückgelegt hat.

Dieses Duell wird Deutschland bis zum 24. September beschäftigen – und sicherlich darüber hinaus. Gibt es eine neue große Koalition unter Führung von Angela Merkel, dann bleibt Schulz bei einem einigermaßen anständigen Ergebnis der starke Mann der SPD, der auf die nächste Wahl hofft. Und wenn die SPD stärkste Kraft wird, wird Angela Merkel wohl aus der Politik ausscheiden. Schwer vorstellbar, dass sie dann als Vizekanzlerin in ein Kabinett Schulz eintreten würde.

Es mag undankbar sein gegenüber einer Frau, die enorme Verdienste hat und zu Recht vom amerikanischen Nachrichtenmagazin *Forbes* als mächtigste Frau der Welt geadelt wurde. Aber in der Politik gibt es keine ewige Heiligsprechung, keine Dankbarkeit, dafür aber Überdruss auch an dem Erfolgreichen und in gewissen Zyklen die Lust auf etwas radikal Neues. Die Parole »Merkel muss weg«, dieser Schlachtruf der Rechtspopulisten und Ultrarechten, der in Ekel erregender Form immer wieder schrill hinausgebrüllt wurde, kann sich auf einer seriösen Ebene verfestigen. Und Martin Schulz und seiner Partei Wähler zutreiben, die bisher der SPD eher fernstanden. Auch gilt: Nicht jede Wählerin entscheidet sich lieber für eine Frau.

Wer kann mehr Begeisterung wecken, mit welcher biografischen und politischen Erzählung? Die Pastorentochter oder der Polizistensohn? Die promovierte Physikerin oder der Buchhändler ohne Hochschulreife? Das Prinzip »Weiter so, keine Experimente« oder der Aufruf »Neues wagen«? Die Krisenmanagerin, auf die man in unsicheren Zeiten setzt? Oder der Hauptstadt-Novize aus Würselen, der für die EU schon den Friedensnobelpreis entgegennahm? In der Tat muss man sich auch nach Würselen begeben, Schulz' Heimatstadt im Dreiländereck Deutschland-Niederlande-Belgien, um seinen Aufstieg und seine Dynamik heute verstehen zu können. Schulz kommt aus der Provinz, aber er ist ganz und gar nicht provinziell. Dafür ist er zu belesen, zu international vernetzt, zu neugierig, zu weltläufig – er spricht außer Deutsch fünf weitere Sprachen (Englisch, Französisch, Niederländisch, Spanisch und Italienisch).

In diesem Wahlkampf wird es auch um Stimmungen und Psychologie gehen, nicht nur um Zahlen und Fakten, die durchaus für Merkels Regierungsbilanz mit der SPD als Juniorpartner sprechen. Aber die Menschen wählen jemanden weniger wegen seiner Verdienste in der Vergangenheit, sondern wegen einer Zukunftsperspektive. Die »hart arbeitenden Menschen«, von denen Schulz immer spricht und zu denen er sich selbst zählt, wollen, wie es scheint, auf eine neue Art angesprochen werden. Da könnte es dann durchaus heißen: Vorteil Schulz.

Aber wer weiß das schon – Politik ist mehr denn je eine Wundertüte (siehe oben). Doch es gilt: Ist die Zeit reif, kann Leidenschaft Berge versetzen. Victor Hugo, der berühmte französische Schriftsteller, schrieb in seinem Roman »Der Mann mit dem Lachen« einen Satz, der Schulz gefallen dürfte: »Nichts ist mächtiger als eine Idee, deren Zeit gekommen ist.« Ist Schulz demnächst der Mann mit dem Lachen?

In der SPD ist Oskar Lafontaine heute eine Unperson, weil er die Partei verließ und zur politischen Konkurrenz der Linken wechselte. Aber sein Prinzip vom berühmten Mannheimer Parteitag 1995, bei dem er den lau und einschläfernd wirkenden Rudolf Scharping stürzte, ist bis heute gültig: »Es gibt noch Politik-Entwürfe, für die wir uns begeistern können, und wenn wir selbst begeistert sind, können wir auch andere begeistern.«

Da wird Martin Schulz lächelnd nicken. Er ist alles, nur nicht lau und langweilig. Und er hat einiges anzubieten. In Sachen Arbeit, Wirtschaft und Soziales, in Sachen Flüchtlinge, Brexit, Eurokrise, Europa, Sicherheit. Sachliches, Aufregendes, Widersprüchliches. Glaubwürdiges und kaum Glaubliches. Persönliches und Politisches.

Genügt das? Wer ist Martin Schulz? Woher kommt er, was prägte ihn, was treibt ihn? Und was will er – für sich, Deutschland und Europa? Davon handelt dieses Buch, dass durch Gespräche mit Martin Schulz und prägenden Figuren seines Lebens entstand.

Martin Schulz
von A bis Z –
Ein Mosaik

Was macht einen Politiker aus? Warum wird er gewählt oder verschmäht? Da gibt es zum einem seine Biografie, seine persönliche Geschichte. Da gibt außerdem ein politisches Programm, das er vertritt. Es gibt es zudem den richtigen Zeitpunkt, den ein Politiker für sich entdecken und nutzen muss – so wie ihn Angela Merkel für sich nutzen konnte, als sie handstreichartig die Chance ergriff, CDU-Vorsitzende zu werden.

Daneben aber gibt es auch Konturen eines Politikers, die einerseits wahrgenommen, andererseits gefühlt werden. So etwas wie bewusste oder unbewusste Sympathie oder Abneigung, festgemacht an Eigenschaften, Handlungen, Äußerlichkeiten, Anekdoten oder Geschichten.

Häufig werden sie zu wenig beachtet. Hier sind, gewissermaßen als etwas anderer, pointierter innovativer Einstieg zu Martin Schulz, ein paar Storys und Details über ihn versammelt die ihn charakterisieren.

Die Storys und Details sind von A bis Z geordnet. Sie beschreiben Menschliches und Allzumenschliches von Martin

Schulz, manchmal auch etwas Abseitiges. Sie erheben keinen Anspruch auf Vollständigkeit. Und doch zeigen sie etwas an ihm und sagen vieles über ihn. Unter anderem lassen sie erkennen, dass Schulz offenbar so etwas wie ein »Typ« ist, einer mit Ecken und Kanten, und doch geschmeidig genug, sich anzupassen sowie Machtchancen zu sehen und zu ergreifen.

A wie Anzug: Martin Schulz war nie beim Militär, aber er bewegt sich in der Öffentlichkeit in einer seriösen Uniform, die ihm Sicherheit gibt: Anzug, weißes oder höchstens blaues Hemd, dezente Krawatte. Das alles bekommt er bei Männermode Lürken in Würselen, ein Fachgeschäft, das ihm seit 15 Jahren ans Herz gewachsen ist. Schulz trägt Anzüge von Eduard Dressler, einem deutschen Designer, die zwischen 500 und 700 Euro kosten. Langlebig, gehobene Mittelklasse, gediegen. Ein luxuriöser Brioni-Anzug, wie ihn Gerhard Schröder getragen hat, ist bei Schulz nicht vorstellbar. Seine Schuhe? Marke Hamlet. Sein oder Nichtsein …

B wie Bretagne: In der Bretagne macht Martin Schulz gerne Urlaub. Er kann sich sogar vorstellen, hier teilweise seinen Lebensabend zu verbringen. An der Küste kann er sich am besten erholen. Frankreich ist sein Sehnsuchtsland. Er genießt den Klang der Sprache und hatte eine Zeit lang auch ein Ferienhaus dort. Wie im Übrigen einst sein Vorbild Willy Brandt, eine kleine Parallele der beiden SPD-Größen.

C wie Chansons: Martin Schulz ist ein Mann, der über die Stimme kommt. Er ist bekanntermaßen nicht nur ein kraftvoller Redner, er singt auch leidenschaftlich gerne, zum Beispiel Chansons von Charles Aznavour, der ständiger Vertreter Armeniens bei den Vereinten Nationen in Genf ist und mit über 90 noch auf der Bühne steht. Deutsche Stimmungsschlager sind eher weniger Schulz' Sache. Das »Tschingderassabumm« liegt ihm ebenso wenig wie das Liebespathos; er mag eher das dem Chanson eigene Gebrochene, das Tiefgründige, das Melancholische. (Ein leidenschaftlicher Karnevalist ist er trotzdem.)

D wie Dutroux: Es ist eine Begegnung mit dem Teuflischen in menschlicher Gestalt, die Martin Schulz bis heute nicht vergessen hat: Der Vater von zwei wohlgeratenen Kindern muss sich als junger Europaabgeordneter um den Fall Dutroux, den größten Justizskandal Belgiens, kümmern. Marc Dutroux hat mehrere Kinder im Alter von 8 bis 19 Jahren entführt, vier junge Menschen verhungerten oder wurden ermordet. Schulz verfasst einen Bericht über europäische Kinderschänderringe und trifft die Eltern der ermordeten Kinder Julie und Melissa. »Es war die bewegendste Begegnung, die ich je in meinem Leben gehabt habe«, erzählt er nachher erschüttert. Aber er sagt ebenfalls: Der Rechtsstaat gilt auch für Sadisten und Mörder.

E wie Erasmus: Für Martin Schulz die Seele der europäischen Idee. Das nach dem großen Humanisten der Renaissance Erasmus von Rotterdam benannte EU-Programm für Bildung, Jugend und Sport hat seit seiner Gründung im Sommer 1987 Millionen von jungen Menschen zusammengeführt. Einmal abgesehen von vielen Stipendiengeldern sind angeblich auch über eine Million Erasmus-Babies durch das weltweit größte Förderprogramm von Auslandsaufenthalten an Universitäten inspiriert worden. Martin Schulz war als gescheiterter Abiturient zwar vom Erasmus-Programm ausgeschlossen, aber für die Idee wirbt er sehr. Und seinen Geist praktizierte er schon früh: Der Schüleraustausch nach Bordeaux war laut eigenem Bekunden ein Höhepunkt seines Lebens. Später heiratete er mit seiner Inge eine Frau, die als Kind mit ihren Eltern aus Polen ins Rheinland gekommen war. Keine Multikulti-Ehe, aber eine im besten europäischen (Erasmus-)Spirit.

F wie Fitness: Martin Schulz hat wie viele Politiker ein Problem: Während die Machtfülle wächst, wächst der Bauch auch. Das Leben eines Politikers besteht nun mal aus vielen Sitzungen und Flügen. Und das hat Folgen. Aber: Im Herbst 2016 sind Schulz' Fettpolster plötzlich verschwunden. Plötzlich wirkt er drahtiger denn je. Seine Frau, die auf seine Gesundheit achtet, soll es erfreuen. 13 Kilo hat er ohne eine bestimmte Diät abgenommen. Er hat, wie er berichtet, einfach weniger gegessen – und musste dafür noch nicht einmal, wie einst Jo-Jo-Abnehmkünstler Joschka Fischer, der längst wieder ein Schwergewicht ist, die Laufschuhe anziehen. Anderen ehemaligen Fußballern nicht unähnlich mag Schulz das Joggen nicht so sehr – allein wegen seines lädierten Knies, das ihm in jungen Jahren die Fußballerkarriere kostete. Einen Schwächeanfall, wie ihn der damalige US-Präsident Jimmy Carter beim Laufen erlitt, will er sich auch ersparen. Er weiß: Solche Bilder kriegt er nie mehr los. Im Übrigen ist Martin Schulz nie wirklich dick gewesen. Von der Körperform eines Helmut Kohl, Ludwig Erhard, Franz Josef Strauß oder Peter Altmaier ist er zeitlebens meilenweit entfernt geblieben.

G wie Geißbock: Ein Tier, das Martin Schulz liebt. Hennes, der Geißbock, ist der Glücksbringer des 1. FC Köln, der bei jedem Bundesligaspiel im Stadion ist und auch meckert, wenn es läuft. So oft es geht, schaut Edel-Fan Martin Schulz den rheinischen Kickern zu. Ein Leben ohne Fußball, daraus macht er keinen Hehl, ist für ihn möglich, aber sinnlos. Hier kann er seinen Gefühlen freien Lauf lassen. Sein Geständnis »Ich bin ein kleiner Prolet« bezieht sich auch darauf, dass er lieber im Stadion sitzt als im Nationaltheater.

H wie Hippo: Martin Schulz ist kein Zoologe, aber ein leidenschaftlicher Vater. Er reist nie ohne sein Gummi-Nilpferd, das seine Tochter Lina ihm vor vielen Jahren als Glücksbringer geschenkt hat. »Das weitgereisteste Hippo der Welt«, meint Schulz lachend. Auch er braucht offenbar etwas Magisches, woran er sich festhalten kann. Dass die afrikanische Tierart gefährdet ist, macht sie noch kostbarer. Arbeitsparallelen zum Nilpferd gibt es allerdings bei Schulz nicht: Hippos verbringen fast den ganzen Tag schlafend oder ruhend. Fünf bis sechs Stunden brauchen sie für die Nahrungsaufnahme. Wenn sie müssen, können sie zwar bis zu 50 Stundenkilometer schnell laufen – allerdings halten sie diese Geschwindigkeit nur wenige hundert Meter durch. Dagegen ist Schulz ein Wunder an Ausdauer – jedenfalls, wenn man seine elf Jahre als Bürgermeister seiner Heimatstadt Würselen oder die 23 Jahre im Europaparlament zum Maßstab nimmt. Im Wahlkampf wird er sie ebenfalls brauchen.

I wie Immobilien: Martin Schulz wohnt mit seiner Familie in einem normalen Eigenheim in Würselen, das nichts Protziges an sich an. Auffallen tun nur die Bodyguards und Sicherheitskräfte, die das Anwesen überwachen. Und die stehen da nicht ohne Grund. In der Vergangenheit gab es Farbanschläge auf sein Haus, offenbar aus dem linksradikalen Milieu. In der Zukunft? Wenn er Kanzler wird, wird sich auch der Schutz rund ums Schulz'sche Anwesen verstärken.

J wie Jenseits von Eden: Das Kultbuch des amerikanischen Schriftstellers John Steinbeck, das Martin Schulz immer wieder zur Hand nimmt. Zwei Brüder kämpfen um die Liebe ihres Vaters, die durchtriebene Cathy, eine *femme fatale*, die beide Männer betört, hat mit beiden ein Verhältnis, das böse endet. Demgegenüber ist das Liebesleben von Martin Schulz eher bürgerlich normal zu nennen. Jedenfalls soweit das von außen zu beurteilen ist. Und mit seinen beiden weitaus älteren Brüdern hat er sich auch nie um Frauen gestritten.

K wie Karnevalspreis: Martin Schulz, das ist bekannt im Rheinland, liebt den Karneval. Und doch gibt es für ihn Momente, an dem der Spaß aufhört. So, als er den berühmtesten deutschen Karnevalspreis ausschlägt, den Orden wider den tierischen Ernst, verliehen in Aachen. Es ist die begehrte Auszeichnung als Ritter des guten Humors, nach der sich viele Politiker sehnen. Er nimmt den Preis nicht an, obwohl damit die Chance verbunden ist, über die mit der Ordensverleihung verbundene Fernsehpräsenz zur besten Sendezeit bundesweit deutlich bekannter zu werden. Die Zeiten sind ihm zu ernst, die Griechenlandkrise fordert ihn. »Es ist undenkbar, dass ein Präsident in die Bütt steigt, während es in Griechenland brennt«, meint er. Ein Opportunist, der auf jede Bühne springt und an keinem Mikrofon vorbeigehen kann, ist Martin Schulz offenbar (und bislang) nicht.

L wie Lebensmittel-Discounter: Martin Schulz kauft gerne mal bei Aldi ein, wenn er am Wochenende Zeit dazu hat. Da wird er dann gesehen und angesprochen, besser ist Volksnähe kaum herstellbar. Ein cleveres Signal: bescheidener Lebensstil trotz Luxusgehalt (denn das hatte Schulz als EU-Parlamentspräsident, der er bis 2017 war). So ein Einkauf beim Discounter schützt in jedem Fall ein wenig gegen die Abgehobenheit in den Raumschiffen von Brüssel oder Berlin. Denn es ist gut zu wissen, wie viel ein Liter Milch, ein Kilo Kartoffeln oder ein Paket Waschmittel kostet. Auch Angela Merkel gönnt sich dieses Vergnügen im REWE-Supermarkt ab und zu. Natürlich speist ein freudiger Esser wie Schulz auch in edleren Restaurants, aber nur dort, wo es anständige Portionen gibt und keine gespreizte Atmosphäre. Da mag es Schulz »barocker«.

M wie Martini: Das letzte alkoholische Getränk des jungen Martin, bevor er sich von der legalen und weit verbreiteten Droge Alkohol löst. Schulz trinkt in seinen dunklen Jahren aber auch Bier, Wein und Schnaps, alles, was er kriegen kann. Seither rührt er keinen Tropfen mehr an. Ein Puritaner will er aber nicht sein und fordert daher auch kein Alkoholverbot. Für ihn liegt das Problem im Missbrauch, die Lösung im Maß.

N wie Nokia: Martin Schulz hält seinem silbergrauen Uralthandy aus dem Jahr 2002 lange die Treue – auch dann noch, als der finnische Nokia-Konzern 2008 seine Fabriken in Deutschland schließt und nach Rumänien auslagert. Es ist die Macht der Gewohnheit, keine Sympathieerklärung gegenüber den Finnen. Fotos kann Schulz mit seinem Gerät nicht machen, es ist kein Smartphone. Nokia ist längst out, aber Schulz hat auf seinem Nostalgiegerät wohl eine der exklusivsten Telefonlisten der Republik, inklusive die Privatnummer der Kanzlerin. Inzwischen nutzt er ein Smartphone.

O wie Offizier: Eine besondere Ehre für jemanden, dem das Militärische als Mann ohne Wehrdiensterfahrung fremd ist: Der damalige französische Staatspräsident Nicolas Sarkozy macht Martin Schulz vor sieben Jahren im Elysée-Palast zum Offizier der französischen Ehrenlegion und überreicht ihm den entsprechenden Orden. Die prestigereiche Auszeichnung wurde 1802 von Napoleon gestiftet, um militärische und zivile Verdienste, ausgezeichnete Talente und große Tugenden zu belohnen. Schulz erhält ihn wegen seines langjährigen Einsatzes für die deutsch-französische Freundschaft. Er macht keinen Hehl daraus, dass er bis heute sehr stolz darauf ist.

P wie Powernapping: Unabdingbar für einen Politiker, der einen vollen Terminkalender hat: Martin Schulz hat wie Helmut Kohl ein Talent zum Kurzschlaf im Auto oder im Flugzeug. Eine halbe Stunde erfrischt ihn schon, sodass er wieder geistig voll da ist. Die Work-Life-Balance ist bei ihm etwas einseitig auf Work festgelegt, aber da er die meisten Termine als vergnüglich empfindet, gleicht sich das wieder aus. Es stimmt wohl, wenn es heißt: Schulz ist kein Pflichtpolitiker, er ist ein Lustpolitiker. (Oder sind gerade Lustpolitiker der Droge Macht besonders verfallen?) Im Übrigen:
P auch wie Podolski: Schulz ist sein größer Fan.

Q wie Qualm: Martin Schulz hat lange geraucht. Als er damit aufhört, tut er das mit derselben Konsequenz, mit der er auch sein Alkoholproblem von einem Tag auf den anderen beendet. Zum fanatischen Kämpfer gegen das Rauchen ist er damit nicht geworden: Mit einem Eintreten für Werbeverbote und gegen die Tabakkonzerne, den andere Gesundheitspolitiker auf europäischer Ebene durchaus führen, ist er nicht aufgefallen. Schulz glaubt daran, dass man Süchte auch ganz persönlich bekämpfen kann. Durch eine klare Willensentscheidung nach einem Leidensdruck. Als Ex-Raucher und Ex-Alkoholiker weiß er, wovon er spricht.

R wie Rheinisches Grundgesetz: Für Martin Schulz wahrscheinlich wichtiger als die zehn Gebote, eine Gebrauchsanweisung für das gute, fröhliche Leben. Man muss es kennen, um den gelassenen Charakter von Martin Schulz wirklich zu verstehen. Jedenfalls attestieren ihm selbst politische Gegner diese grundsätzliche Gelassenheit selbst dann, wenn er etwas aufgekratzter ist. Der Kanzlerkandidat lebt dieses alternative Grundgesetz, das erheblich lockerer formuliert ist als das politische Grundgesetz, die Verfassung:

1. Es ist, wie es ist (klare Analyse der Realität)

2. Es kommt, wie es kommt (keine überflüssigen, übertriebenen Ängste)

3. Es ist bisher noch immer gutgegangen (Optimismus als Grundhaltung, weil der Pessimist der einzige Mist ist, auf dem nichts wächst)

4. Was fort ist, ist fort (Nicht der Vergangenheit hinterherweinen)

5. Es bleibt nichts, wie es war (Zukunft muss immer wieder gestaltet werden)

6. Mach es gut, aber nicht zu oft (Lebensfreude ja, aber kein Exzess)

7. Trinkst du einen mit? (Aufruf zur Geselligkeit, geht auch ohne Alkohol)

8. Man muss auch gönnen können (die Bedürfnisse der anderen als gleichwertig anerkennen)

9. Jeder Jeck ist anders (Keine Stereotypen, man muss sich jeden Menschen indviduell anschauen)

10. Leben und leben lassen (Toleranz als Lebensprinzip – aber Kampf gegen die Intoleranten und Fanatiker)

S wie Sarkozy: Schulz gilt als unterhaltsamer Parodist. Und der hyperaktive französische Ex-Präsident als sein Lieblingsopfer. Es heißt, Schulz habe eine große Begabung zum Parodieren. Amüsant ist, dass Angela Merkel hier durchaus mithalten kann, auch sie soll in dieser Kunst sehr bewandert sein und sie wie Schulz im kleinen Kreis gern zeigen. Schulz weiß natürlich: Im deutschen Kabarett reden sich schon die Künstler warm, um den Rheinländer Schulz zu parodieren. Und er weiß auch: Etwas Besseres kann einem Politiker nicht passieren. Mehr gebündelte Aufmerksamkeit geht kaum.

T wie Tagebuch: Martin Schulz schreibt seit 35 Jahren seine Erlebnisse auf – jeden Abend nimmt er sich Zeit für eine kleine Reflexion, einen kleinen Bericht über den Tag. Das Ganze trägt er fein säuberlich in den wenig glamourösen Kalender der Stadtsparkasse Aachen ein. Eine gute Grundlage für eine spätere Autobiografie. Der Mensch vergisst ja so viel. Wobei das für Schulz nur eingeschränkt gilt. Ganz viele Menschen rühmen sein Gedächtnis, er könne ungemein viel speichern und krame bei passender Gelegenheit gerne Episoden hervor, die vor zehn oder noch mehr Jahren passiert sind.

U wie Ultimatum: Ist manchmal nötig, um einen Menschen wieder in die Balance zu bringen. Auch Martin Schulz weiß das. Sein Bruder Erwin stellte ihm vor über 35 Jahren das Ultimatum: Entweder du hast fest vor, mit dem Alkohol aufzuhören, oder du brauchst dich nie wieder bei mir zu melden. Es wirkte. Martin Schulz ist seinem Bruder, der ihm den Weg aus der Sucht wies, für diese Härte bis heute dankbar.

V wie Vortragshonorare: Nimmt Martin Schulz nicht an oder er spendet sie – schon aus Selbstschutz. So kann er nie in die Bredouille kommen wie Peer Steinbrück, der bei seiner Kanzlerkandidatur darüber stolperte, dass er in zwei Stunden

20 000 Euro und mehr verdiente. Das verstieß nicht gegen die Gesetze, wohl aber gegen die Gefühle des Anstands. Martin Schulz agiert, soweit bekannt, anders: Wenn er kommt, dann gratis. Auch das Honorar für sein Buch über die EU (»Der gefesselte Riese«) spendet der EU-Parlamentspräsident an die Stadtbücherei Würselen und an Menschen in Not.

W wie Wöschelter Platt: Zu Hause verfällt Martin Schulz in diese für Nicht-Rheinländer schwer verständliche Sprache. Auf dieser Sprechebene ist jeder sofort auf Du und Du. »Jut« für ihn, möchte man salopp formulieren, jeder braucht ein Stück Geborgenheit, auch im Sprachlichen. Das gilt offenbar auch für Martin Schulz.

X wie Xanten: Die Stadt im niederrheinischen Tiefland kennt Martin Schulz gut, sie ist 124 Kilometer von Würselen entfernt. Die Römerstadt blickt auf 2000 Jahre Geschichte zurück. Heute ist sie so etwas wie ein imposanter historischer Freizeitpark und seit Kurzem ein Luftkurort. Für Martin Schulz, der bekannt dafür ist, ein wandelndes Geschichtsbuch zu sein, stellt Xanten eine Perle Deutschlands dar, die es zu kennen gelte. Im Übrigen, so Schulz: Ohne eine genaue Kenntnis der Geschichte könne man Deutschlands Zukunft nicht gestalten. Eine Ähnlichkeit mit Helmut Kohl, dem Historiker-Kanzler. Aus Xanten stammt auch der Deutsche Superheld des Nibelungenlieds, Siegfried. Wo ist das Lindenblatt von Schulz, das ihn verwundbar macht, fragen sich die Gegner?

Y wie Yellow Submarine: Den Aufstieg der Beatles, von denen der Song bekanntermaßen stammt, hat Martin Schulz wie die meisten seiner Generation nah erlebt. Und ihre Botschaften des Aufbegehrens aufgesogen, die er als jugendlicher Rebell und Juso dann auch ein Stück auslebt. Musik ist im Hause Schulz ständig zu hören. Ein Instrument lernt er dennoch nicht. Das Vorbild des Vaters, der Geige spielte, schlägt bei ihm nicht durch. Und auch zur Gitarre greift er nicht. Als Redner oder auch Parodist kann er, um es salopp zu formulieren, Säle rocken. Aber zum Rocker taugt er nicht.

Z wie zwanzig: Nach 30 Jahren Ehe sagt seine Frau Inge, dass es gefühlt eigentlich nur 20 gewesen seien, wenn man die häufigen Abwesenheiten ihres Mannes berücksichtige. Langeweile kommt bei dieser Art von Fernbeziehung nie auf. Aber immer wieder eine schöne Form der Sehnsucht. »Meine Familie ist mein Refugium«, sagt Martin Schulz. Übersetzt: Eine Zufluchtsstätte, wenn es auch ihm zu bunt wird. Es gibt wenige Politiker, die oft so liebevoll über ihre Frau sprechen. Als der SPD-Mann noch Buchhändler in Würselen war, hatte er mehr Zeit für seine Familie. Der kleine Laden in einem Backsteinhaus in der Würselener Innenstadt, den er eine Zeit lang gemeinsam mit seiner Schwester betrieb, war für seine Kinder ein abwechslungsreicher Spielplatz. Sie hätten es geliebt, zwischen den Regalen herumzuturnen, erinnert sich Schulz, und die Buchhandlung, als er sie aufgab, deshalb am meisten vermisst. Martin Schulz vermisst sie bis heute.

Kleine Verhältnisse –
Aus dem Märchenbuch
des sozialen Aufstiegs

Martin Schulz wächst in kleinen Verhältnissen auf. 1955 wird er vier Tage vor Weihnachten geboren, in Hehlrath, einem Dorf 50 Meter neben einem Braunkohlekrater, acht Kilometer von Würselen entfernt. Also fast ein Christkind – aber auch ein Glückskind? So jedenfalls sieht es lange nicht aus. Er ist das fünfte und jüngste Kind von Albert und Clara Schulz und insofern Teil einer Großfamilie, wie es sie damals oft gibt.

Das alte Wort von Konrad Adenauer »Kinder kriegen die Menschen immer« gilt noch, die Anti-Baby-Pille existiert nicht, die materiellen Ansprüche sind bescheiden, der Begriff »Kindersegen« steht hoch im Kurs. Heute haben entweder sehr reiche Menschen viele Kinder – oder sehr arme. Damals aber ist eine siebenköpfige Familie in kleinbürgerlichen Kreisen keine Seltenheit.

Power-Mutter – Und Ordnung muss sein

Schnell lernt er, was Verzicht bedeutet. Als Polizist kann Vater Albert mit einem kargen Gehalt die Familie gerade so über Wasser halten, während sich Mutter Clara als Hausfrau um die Kinder kümmert. Politisch stellt die Familie so etwas wie eine große Koalition dar. Albert stammt aus einer sozialdemokratisch orientierten Familie, Clara hingegen ist Gründungsmitglied der CDU in ihrer Heimatstadt Würselen, wohin die Familie bald zieht. Ein Verwandter von ihr amtiert in Aachen als CDU-Bürgermeister. Politik ist für sie spannend und Lebenselixier. Während andere Frauen Sissi-Filme sehen oder Schlager hören, verfolgt sie Bundestagsdebatten oder liest den Politikteil der Tageszeitungen. Politik ist zu wichtig, um sie den Männern zu überlassen – das ist ihre Überzeugung. Und so geht sie keiner Debatte aus dem Weg, mit wem auch immer.

Der Vater ist im Vergleich zu seiner Power-Gattin zurückhaltend. Er ist nicht einfach nur Polizist, sondern zugleich auch ein Schöngeist, eine seltene Kombination. »Mein Vater spielte Geige und malte, später schrieb er sogar einen Roman. Nach seiner Rente hatte er noch 33 gute Jahre, in denen er viel reiste. Er war sehr liebevoll zu uns. Wir wurden auch nie geschlagen, was damals keine Selbstverständlichkeit war«, erzählt Doris Harst, Martins Schwester.

Die Richtung der Familie gibt indes Mutter Clara vor, der Albert die Erziehung der Kinder überlässt. Und aus der Politik hält sich der Mann mit dem proletarischen Hintergrund, der in der Nähe des jungen Dachdeckers Erich Honecker im Saarland aufgewachsen ist, ebenfalls raus. Clara Schulz ist also alles andere als ein Heimchen am Herd. Unermüdlich macht sie ihren Kindern klar, dass man nicht nur an sich selbst denken dürfe und eine demokratische Gesellschaft der die Beteiligung aller brauche. Sie will an einem besseren Deutschland mitarbeiten, die schreckliche Nazizeit hinter sich lassen.

Und sie weiß warum. Die Bombardierung von Würselen hat Clara Schulz im Luftschutzkeller überlebt. Während der Schlacht um Aachen bildete Würselen für sechs Wochen die Hauptkampflinie, die Artillerie zerstörte fast alles. Ihren Mann lernt sie kennen, als der als Meldereiter bei ihren Großeltern Unterschlupf findet. Weltanschaulich müssen sie sich sofort gut verstanden haben, beide waren Nazigegner.

Das prägt. Gegen Extremismus bleiben sie zeitlebens immun. Frühzeitig impfen sie ihre Kinder gegen jeglichen Fanatismus. Typisch für sie: Das fünfte Kind nennen sie deshalb Martin, weil der Großvater mütterlicherseits so hieß. Familienerzählungen nach war der stolz darauf, dass er in seinem Leben kein einziges Mal »Heil Hitler« gesagt hat. Martin Schulz lernt ihn nicht mehr kennen, denn er stirbt zwei Tage nach der Geburt seines Enkels. Während des Zweiten Weltkrieges dient Vater Albert als Musiker beim Heeresmusikcorps. Dennoch erlebt auch er die Kriegsgräuel hautnah mit. Und sie belasten ihn. Wenn die Kinder ihm Fragen zum Krieg stellen, wird er aufbrausend oder er flüchtet sich in seine Musik. »Er biss sich in den Knöchel seines Zeigefingers und starrte nach draußen. Dann wusste ich, dass er gerade an den Krieg denkt«, erzählt Walter Schulz, Martins älterer Bruder.

Rechts gegen Links – Debatten am Küchentisch

Albert und Clara führen eine glückliche Ehe. »Mein Vater kam, sah und siegte, als er meine Mutter kennenlernte – das jedenfalls sagten die Nachbarn über ihn«, erzählt Schwester Doris. »Es war eine große Liebe, die uns Kindern da vorgelebt wurde. Meine Mutter war keine unterdrückte Frau, im Gegenteil. Der Vater hat nicht wie damals üblich mit der Faust auf den Tisch geklopft. Wir verlebten eine glückliche Kindheit, und das wohl auch, weil nach dem Krieg alle gleich arm waren. Besonders schön: Unser Haus, das meine Eltern gebaut hatten, war immer voller Kinder, meine Mutter mochte das und hat für alle gekocht.« Allerdings gibt es feste Regeln. Die Schuhe haben vor der Tür zu bleiben, gespielt werden darf nur im Erdgeschoss. Ordnung muss sein, auch dies typisch für die kleinbürgerlichen Verhältnisse im Nachkriegsdeutschland.

Das Diskutieren und die Schlagfertigkeit lernt der kleine Martin am Küchentisch, und das fast zwangsläufig. In einer Art permanent tagendem Familienparlament wird hier eifrig und kontrovers politisiert. Natürlich ist Martin, das Nesthäkchen der Familie, im Nachteil, weil die anderen älter und reifer sind. Aber mit Frechheit und Kreativität macht er das wieder wett. Widerspruch gefällt ihm. Alle fünf Kinder sind »rot« angehaucht und lassen sich von ihrer »schwarzen« Mutter nicht irritieren, »schulen« sich an ihr.

Dabei geht es um mehr als um politische Rechthaberei. Die Kinder sollen möglichst viel lernen, um es später einmal besser zu haben. Kultur wird großgeschrieben, nicht zuletzt die Musik, und es gib immer genug zu lesen. An geistiger Nahrung mangelt es also nicht. Eine Zwei im Zeugnis im Fach Deutsch hatten alle – mindestens. Die ersten vier Kinder studieren, werden Arzt oder auch Kripofrau. Nur Martin bleibt lange das schwarze Schaf, das um seinen Weg ins Leben besonders kämpft und dabei manchen Absturz erlebt. Aber die Familie hält schon früh immer wieder eine Art emotionales Sprungtuch bereit, um ihn aufzufangen. Mit dieser Geborgenheit und einem Urvertrauen in die Kraft der Blutsbande wächst Martin Schulz auf. Wenn alle Stricke reißen, erlebt er, dass da immer Menschen sind, die ihn nicht verstoßen.

Bei Diskussionen am Küchentisch bleibt es nicht. Das Engagement der Familie Schulz zeigt sich bald auch in Mandaten in der Kommunalpolitik. Erst zieht Bruder Erwin in den Rat der Stadt Würselen ein, dann Martin, dann Schwester Doris. So erlebt der Ort eine Art »Schulzokratie«, die auch für Aufstieg steht und die Erfüllung eines (nicht nur) sozialdemokratischen Versprechens: Du kannst arm geboren werden, aber zu Wohlstand kommen und ein geachtetes Mitglied der Gesellschaft werden, wenn du dich nur ausreichend bemühst. So wie die Mitglieder der Familie Schulz es tun. Sie sind materiell arm, aber geistig reich – und sind trotz der kleinen Verhältnisse, aus denen sie stammen, eben nicht »bildungsferne Schicht«, von der heute so oft die Rede ist. Die Chancen, die sich ihnen bieten, ergreifen sie beherzt und zeigen, dass Intelligenz und Erfolg keine Frage von Herkunft und Kontostand zu sein brauchen.

Martin Schulz' Herkunft, zu der er ein ungebrochenes Verhältnis hat und von der er sich nicht »abgrenzt«, macht auch verständlich, warum er sich bis heute in einen Polizisten, eine Krankenschwester oder eine Putzfrau hineinversetzen kann. In jedem Fall gilt: Wenn Schulz über Innere Sicherheit spricht und sich auf die Seite der Polizisten stellt, die ihre körperliche Unversehrtheit für einen sicheren Staat einsetzen, kann er immer darauf verweisen, dass sein Vater ihm früh die Bedeutung von Recht und Ordnung klargemacht hat, ohne dass er ein Tyrann war.

Gerade in diesen Zeiten kommt das womöglich besser an, als wenn Angela Merkel in eigentlich fast rührender Naivität davon spricht, dass man im Kampf gegen das Vordringen des Islam wieder mehr Weihnachtslieder singen sollte und Blockflöte spielen: »Wie viele christliche Weihnachtslieder kennen wir denn noch und wie viele bringen wir denn unseren Kindern und Enkeln noch bei? Dann muss man eben mal ein paar Liederzettel kopieren und einen, der noch Blockflöte spielen kann, mal bitten.«

Obwohl er mit Musik aufgewachsen ist, spielt er selbst kein Instrument. Dafür schlägt er im Wahlkampf die Trommel und posaunt herum, dass die Zeit von Angela Merkel abläuft. Kein Zweifel, Krach schlagen kann er. Ob daraus eine einprägsame Melodie wird, die den Menschen gefällt, gar ein Ohrwurm, den man nicht mehr aus den Gehörgängen herausbekommt, ist offen. Aber seine Chancen stehen nicht schlecht. Wenn Angela Merkel Kammermusik oder Oper ist, ist Martin Schulz Rock 'n' Roll, manchmal sogar Heavy Metal. Die Tatsache, dass Martin Schulz bisher noch nie bei der Eröffnung der Richard-Wagner-Festspiele in Bayreuth zu Gast war, Angela Merkel aber fast immer, ist dabei ein Statement.

Es wird spannend zu sehen, ob Martin Schulz der Versuchung widersteht, für ein paar schöne Bilder in den Medien diese Bühne zu betreten und inmitten der Reichen, Schönen und Gepuderten der Hochkultur seine Referenz zu erweisen. Den Feuerkopf Richard Wagner, der selbst alle möglichen Irrungen und Wirrungen erlebte und sich in seiner Tollkühnheit vor keinem fürchtete, müsste er eigentlich mögen. Stellt Schulz indes in Rechnung, dass Wagner und Bayreuth auch für die Nazizeit und eine lange Zeit unzureichende Vergangenheitsbewältigung stehen, dann wird er wohl Rock 'n' Roller bleiben. Womöglich auch deswegen, weil die die Welt noch mutiger und positiver verändert haben als der Opernrevoluzzer.

Rechtsfuß auf Linksaußen – Das Kampfschwein und ein geplatzter Traum

Martin Schulz ist Rechtshänder, aber irgendwie läuft in seinem Leben ziemlich viel über Links: nicht nur wegen der linken Gesinnung, die er von seinen Geschwistern mitbekommt und die ihn schnell zum führenden Juso von Würselen macht, sondern auch bei seiner zweiten großen Lebenspassion, dem Fußball.

Eisenharte Lokomotive

In der Jugendmannschaft etwa rennt er als linker Verteidiger die linke Spielhälfte rauf und runter, obwohl er eigentlich den Ball vorwiegend mit dem rechten Fuß spielt: Beidfüßige Spieler sind auch damals sehr ungewöhnlich. Bei Rhenania Würselen wird er, wie seine Mitspieler, zum »schwarzen Teufel«: So nennen sich die Kicker in Würselen – auch, um etwas Angst und Schrecken beim Gegner zu verbreiten und mit breiter Brust aufzulaufen. Schulz verschafft sich Respekt, weil er wie Berti Vogts agiert: bissig, aggressiv, hart am Mann. Dass linke Verteidiger auch offensiv spielen und Tore vorbereiten wie Fußballweltmeister Andy Brehme oder Philipp Lahm, ist damals unüblich. Schulz' Kernkompetenz besteht in der Zerstörung gegnerischer Angriffe. Er hat viele Mannschaftskameraden, die deutlich zärtlicher mit dem Ball umgehen können. Er ist kein Supertechniker, eher ein Kämpfer, manche sagen auch »Klopper«, aber immer ein wertvoller Spieler, der sich über den Sport seine Erfolgserlebnisse holt und sogar westfälischer B-Jugend-Vizemeister wird. Nur dem großen FC Schalke 04 unterliegen die Provinzkicker, eine eingeschworene Truppe. Für einen solchen Miniverein, dessen beste Zeiten in der westdeutschen Oberliga lange zurückliegen, ein enormer Erfolg.

Außenseiter zu sein und alle zu überraschen mag Martin Schulz schon damals. »Er war die Lokomotive, die uns alle mitgerissen hat«, erzählt sein ehemaliger Mannschaftskollege Franz-Josef Hansen. »Vor dem Spiel sagte er uns damals: Die halten uns vermutlich für Rhenania Würstchen, aber denen zeigen wir es heute.« Heute nennt man so etwas Führungsspieler. Oder Leitwolf. Schulz lernt diese Rolle früh.

Wie so viele damals will er Fußballprofi werden. Alemannia Aachen, der große Verein aus der Nachbarstadt, ist 1969 Vizemeister geworden, das macht Lust auf eine eigene Karriere. Das WM-Endspiel 1966 mit dem berühmten Wembley-Tor begeistert den jungen Martin Schulz endgültig für den prestigeträchtigen deutschen Volkssport. Die deutsche Nationalmannschaft feiert damals ihre großen Erfolge, 1972 wird sie Europameister und zeigt den schönsten Fußball, den man je von einem deutschen Team gesehen hat. Rambazamba nennen sie das damals, die Deutschen spielen plötzlich Fußball, anstatt Fußball zu arbeiten. Ballkünstler wie Franz Beckenbauer, Günter Netzer und Gerd Müller sind auf dem Höhepunkt ihres Könnens. Uli Hoeneß rennt allen davon, die jungen Wilden sind populär. Paul Breitner spielt auf der linken Seite äußerst selbstbewusst. Der Münchner Revoluzzer ist ein Siegertyp – und Martin Schulz will einer werden. An Selbstbewusstsein hat es ihm ja nie gemangelt, er will hoch hinaus. Und lange Haare wie Breitner und Netzer hatte er damals auch.

Am Boden zerstört

Aus dem Talent Schulz hätte ein Fußballstar werden können, weil ja auch eisenharte Manndecker gebraucht werden, die mit Körpereinsatz spielen: Giftig, nickelig, ekelig, wie Stürmer sagen. Angeblich war der AC Bellinzona aus der Schweiz schon an ihm interessiert, wird bis heute in Würselen erzählt. Der Juso Martin Schulz im Tessin – auch heute noch ein kurioser Gedanke.

Aber der Fußballgott, der so oft beschworen wird, ist nicht auf seiner Seite. Eine schwere Verletzung stoppt das Talent. Das Knie ist kaputt. Heute würde man wegen so etwas nicht mit dem Kicken aufhören, damals ist die Sportmedizin noch nicht so weit. »Ich war am Boden zerstört, als der Meniskus riss – erst innen, dann außen«, erinnert sich Martin Schulz. Von einem Tag auf den anderen muss er mit seinem Hobby aufhören. Wahrhaben will er das frühe Ende seiner Fußballkarriere nicht. Nach sechs Monaten startet er nach dem ersten Meniskusvorfall ein Comeback, aber dann reißt das Band zum zweiten Mal. Die Ärzte machen ihm klar, dass es nichts mehr wird mit den

Fußballflausen im Kopf. Tränen fließen, der Lebenstraum vom Fußballprofi zerplatzt.

Das einzig Positive daran ist, dass ihn mit seinem kaputten Knie auch die Bundeswehr ausmustert. In Reih und Glied zu marschieren bleibt Martin Schulz so erspart. Es wäre dort wohl zur Konfrontation mit den Vorgesetzten gekommen, denn Drill und Gehorsam mag der vorlaute Martin Schulz nicht. Wahrscheinlich hätte er den Wehrdienst verweigert und sich der damals üblichen »Gewissensprüfung« gestellt, aber dazu kommt es nicht, weil die Bundeswehr dankend auf seine Dienste verzichtet – auch weil er der dritte Sohn der Familie war. Der Zivildienst, der seinerzeit viele junge Menschen charakterlich gebildet und Lebenssinn vermittelt hat, bleibt ihm so versagt.

Eine große Trauer breitet sich in Martin Schulz aus, denn es gibt damals nichts, was er auch nur annähernd so gerne macht wie das Fußballspielen. Das Elternhaus ist ja nur ein paar Meter vom Fußballplatz entfernt, auf dem grünen Rasen scheint das Leben so einfach und überschaubar zu sein. Der Ball ist sein Freund, auch wenn er ihm manchmal mangels technischer Fähigkeiten vom Fuß springt. »Ich wollte Profi werden, hielt mich für den besten Spieler der Welt. Reden Sie das mal einem 17-Jährigen aus«, sagt Martin Schulz heute. »Der Traum war da, aber es hätte wohl nicht für ganz oben gereicht. Aber ich war ein knochenharter, pfeilschneller Verteidiger, ein richtiger Draufgänger.«

Sein Jugend- und Vereinsfreund Manfred Zitzen, heute Geschäftsführer einer städtischen Tochtergesellschaft in Würselen, kann das bestätigen: »Martin war ein Kämpfertyp. Wir waren ja noch richtige Straßenfußballer, die nach der Schule sofort auf den Bolzplatz in der Nähe seines Hauses gingen und kickten. Da war es ein Privileg, überhaupt mitspielen zu dürfen. Wir waren so arm, dass wir uns keinen Ball leisten konnten. Manchmal bastelten wir uns aus Klopapier und Tesa einen. Deshalb war derjenige Junge der König, der einen hatte. Martin hatte keinen, den konnte sich seine Familie nicht leisten.«

Niederlage als persönliche Beleidigung

Manfred Zitzen ist sich sicher, dass Schulz bei seiner Fußballmannschaft wichtige Tugenden erwarb, die er später auch in der Politik umsetzen konnte: »Er ging gerne dahin, wo es wehtat. Er war ein Kampfschwein, gab nie auf. Eine Niederlage empfand er als persönliche Beleidigung. Und er war der Kapitän, dem Teambuilding. das Wort gab es damals noch nicht, sehr wichtig war. Martin wusste, dass er als Einzelner gar nichts erreichen kann, aber in der Gruppe viel. Den Teamgeist, den es in der Politik braucht, um Wahlsiege zu erringen, hat er hier beim Sport gelernt. Und wenn der Trainer, ein sehr autoritärer Mann, ungerecht mit einem Spieler umging, kümmerte Martin sich darum. Das Leid der anderen hat ihn auch berührt, es ging ihn etwas an, er fühlte sich zuständig. Diesen Kampf um Gerechtigkeit, der sich ja wie ein roter Faden durch sein Leben zieht, den hat er bei uns begonnen. In einer Mannschaft erkennt man den Charakter eines Menschen, da kann man sich nicht verstellen.«

Die Bindung hält bis heute. Im Rahmen der Weihnachtsfeier ist Martin Schulz kürzlich für 50 Jahre Mitgliedschaft bei Rhenania Würselen geehrt worden. »Es war für ihn Ehrensache, dass er kam. Er ist dann nicht als EU-Präsident oder als Kanzlerkandidat bei uns, sondern als der Martin von der Mittelstraße, der im schönsten Dialekt Geschichten erzählt, über die jeder lacht«, erzählt Clubkollege Zitzen.

Dem Fußball ist Martin Schulz treu geblieben. Er hat sich den passenden Verein dazu ausgesucht. Er sitzt im Verwaltungsrat des 1. FC Köln, der sich selbst ironisch als Karnevalsverein bezeichnet. Die besten Zeiten liegen lange zurück, früher war dieser Traditionsverein der zuverlässige Lieferant von Skandalen und Abgründen aller Art. 1978 wurde die letzte Meisterschaft und sogar der Pokalsieg errungen. Seither aber galt »Himmelhochjauchzend und zu Tode betrübt« lange als Normalzustand von FC-Fans. Man musste Leidensfähigkeit mitbringen. Heute gilt der Verein als sehr solide geführt. Auch sportlich geht es kontinuierlich bergauf. Ein notorischer Krisenklub ist erwachsen geworden. Ähnlichkeiten mit der Biografie von Martin Schulz, dem Sportinvaliden? Rein zufällig.

Dass Politiker sich für den rustikalen Volkssport Fußball interessieren und auch gerne im Stadion zeigen, kann Kalkül sein, weil man damit Volksnähe suggeriert. Aber ein Edmund Stoiber, der länger Mitglied beim FC Bayern ist als bei der CSU, ist sicher über jeden Verdacht des Opportunismus erhaben. Und auch ein Gerhard Schröder, der sich für Hannover 96 engagiert und jetzt sogar Chef des Aufsichtsrates wurde, hat das Fußballblut in den Beinen. Angela Merkel hat da sicher einen Wettbewerbsnachteil. Sie kickte nie selbst, jubelt aber bei Spielen der Nationalmannschaft sehr glaubwürdig mit und besucht die Helden im Adler-Trikot bei großen Turnieren schon mal in der Kabine.

Sicherlich würde es auch Martin Schulz gefallen, Jogi Löw und Thomas Müller die Hand zu schütteln. Er mag Männerschweiß, den man sich solide erarbeitet hat. Ein Künstler, dem alles in den Schoß fiel, war er nie. Und Fußball ist für ihn eine große Metapher für den politischen Wettstreit: Man weiß nicht, wie es ausgeht – deshalb ist es so interessant. Ein Star reicht nicht aus, nur eine Mannschaft, bei der jeder für den anderen einsteht, kann gewinnen. Man kann Außenseiter sein, aber trotzdem dem Favoriten ein Bein stellen.

Man darf davon ausgehen, dass Martin Schulz den »Match-plan« für den Bundestagswahlkampf im Kopf hat und nun abarbeitet, aber auch immer wieder flexibel anpasst. Sein Spielfeld sind jetzt die vielen Plätze und Hallen und Studios, die er besuchen muss. Oder, wie er selbst es sehen dürfte: bereisen darf.

Dunkle Jahre –
Alkohol und Absturz

Es ist ein Modewort, das sich erst vor Kurzem etabliert hat: Resilienz. Verstanden als die Fähigkeit von Menschen, mit Schicksalsschlägen und eigenen Fehlern mehr oder weniger konstruktiv umzugehen. Resilienz ist unterschiedlich ausgeprägt. Wo manche umfallen, bleiben die Widerstandsfähigen stehen, häuten sich, erfinden sich neu. Sie halten Angriffe anderer oder auch Phasen der Selbstzerstörung aus, meistern schier ausweglose Situationen, nutzen die eigenen Ressourcen, die manchmal tief vergraben sind, um eine neue Würde zu gewinnen. Anders ausgedrückt ist Resilienz die Kraft zur Selbsterneuerung. Oder, im Bild: Wer eine starke Resilienz hat, der kann wie ein Phönix aus der Asche wiederauftauchen, frisch, gestärkt, nach vorne gerichtet.

Allmähliches Abgleiten

Martin Schulz ist so ein Phönix-Typ, der viele Krisen selbst erlebt hat und gestärkt aus ihnen hervorgegangen ist, gehäutet, mit neuen Orientierungen und Kräften. Seine schwere Verletzung als junger Fußballer ist der große Crash, die tiefe Kränkung mit einschneidenden Folgen. Das Leben begeht ein großes Foul an ihm und seinen Sehnsüchten. Martin leidet, wenn er seine Kumpels spielen sieht und er selbst körperlich nicht mehr dazu in der Lage ist. Dass er als Linienrichter noch ab und zu im Stadion ist und eine kleine Nebenrolle spielt: ein schwacher Trost.

Im Sportheim wird dann nach den Spielen einer gehoben – ein Ritual, das es in vielen Sportvereinen gibt. Die meisten wissen, wenn sie genug haben. Nicht so Martin Schulz. Und so beginnt er mit 19 Jahren allmählich abzugleiten. Er will seinen Kummer betäuben und trinkt immer häufiger auch in der Studentenkneipe gleich neben der großen Kirche St. Sebastian mit seinen Juso-Freunden, die bald verstehen, was da geschieht und für die er trotz seiner großen Klappe als Anführer langsam unzumutbar wird.

Die Energie für den Fußball kann Schulz zunächst nicht in etwas anderes lenken, nicht in schulischen Erfolg, auch (noch) nicht in die Politik. Er fühlt sich als Verlierer. Er trinkt in Gesellschaft, er trinkt alleine. Zuerst geht es langsam bergab, doch dann verwahrlost er vollends.

Schon als pubertierender Junge hat er sich im Gasthaus Houben absurde alkoholische Wettkämpfe geliefert. Wer mehr Kölsch-Striche auf dem Filz hat, gewinnt. Er und ein Freund geben sich Alibis, wenn sie nicht nach Hause kommen, mit Restalkohol im Blut gehen sie zur Schule, den Eltern fallen die Exzesse so nicht auf.

Martin Schulz ist also schon früh kein Kind von Traurigkeit gewesen. Nun aber eskalieren die Dinge. Mit Anfang 20 findet er eine Räumungsklage in seinem Briefkasten. Die Arbeitslosenhilfe wird ihm gestrichen. Familie und Freunde zahlen offene Rechnungen. »Das blaue Wunder« nennt man ihn da in

Würselen, das klingt possierlicher, als es ist. Sein Leben, das lange so solide lief, bricht ihm weg.

»In dieser Nacht wollte ich Schluss machen«

Es wird ihm immer mehr zur Qual: »Das Schlimmste für mich war, wenn ich morgens aufgewacht bin mit dem Gefühl, wieder versagt zu haben. Ich habe damals getrunken, was ich kriegen konnte. Man nimmt sich täglich vor, es besser machen, aber schafft es am nächsten Tag nicht. Das ist ein deprimierendes Gefühl. Solche Prozesse brechen dir langsam das Rückgrat.«

Achim Großmann, sein Freund, schreibt ihm einen langen Brief: letzte Warnung. Die Drohung ist enthalten: Wenn er so weitermacht, landet er in der Gosse, verliert alle Freundschaften. Viele Menschen kämpfen um ihn und werden im Nachhinein betrachtet zu seinen Lebensrettern.

Dem *Spiegel* erzählt Schulz 2013, wie verzweifelt er wirklich war. Nachts um vier saß er sternhagelvoll am Schreibtisch seiner Wohnung, vor sich eine Flasche, und wollte sich umbringen. 24 war er damals, arbeitslos, die Freundin hatte ihn wegen der ständigen Trinkerei verlassen, er war verschuldet, kein Silberstreif am Horizont. »Es ging nix mehr, in dieser Nacht wollte ich Schluss machen.«

Er ruft seinen Bruder Erwin an, der sofort begreift, wie lebensgefährlich die Situation ist. Erwin Schulz, ein Arzt, der weiß, wie gefährlich die Lieblingsdroge der Deutschen ist, vermittelt ihm einen Klinikplatz, wo er die nächsten Wochen verschwindet. Eine wichtige Hilfe – aber den Entzug durchmachen muss Martin Schulz selbst. Es ist harte Seelenarbeit, sich einzugestehen, dass man wirklich Alkoholiker ist. Man muss sich seinen Abgründen stellen. Das Bewusstsein, dass Alkoholismus eine Krankheit ist und keine Charakterschwäche, ist damals noch schwach entwickelt. Aber Martin Schulz schafft es, sich von der täglichen Droge zu lösen. »Ich hab einfach aufgehört, dat geht, wenn de jung bist«, erzählt er später darüber in einem saloppen Ton. Heroisch klingt es nicht. Er will sich nicht selbst beweihräuchern, aber er weiß, dass es wohl die größte Willensleistung seines Lebens war.

In einer Kleinstadt kann man wenig voreinander geheim halten. Die Würselener wissen, dass sie sieben Jahre später einen Mann das Bürgermeisteramt anvertrauen, der eine schlimme Phase in seinem Leben durchgemacht hatte. Und dem man auf Empfängen, Festen, Geburtstagen und Jubiläen lieber kein Glas Bier hinstellt. »Jeder kriegt sein Quantum Alkohol im Leben ab, ich habe meines schon als junger Mann gehabt«, ist sein Standardspruch. Damals. Und heute.

Würselen ist eine Karnevalshochburg. Hier wird wie im gesamten Rheinland in der fünften Jahreszeit ordentlich gebechert. Martin Schulz beweist, dass man auch ohne Alkohol eine Stimmungskanone sein kann, und hält witzige Büttenreden. Heute trinkt er Wasser, Säfte und Kaffee. Und redet offen über seine überwundene Alkoholsucht. Vor allem auch aus einem Grund: »Vielleicht kann mein Leben anderen Mut machen, ihre Sucht ebenfalls anzugehen. Da ich damals den Faden verloren habe, weiß ich, dass mein heutiges privilegiertes Leben nicht selbstverständlich ist.«

Auch in der ersten Rede nach seiner Nominierung als Kanzlerkandidat kommt Martin Schulz auf die dunklen Jahre in seinem Leben zu sprechen: »Als junger Mann sind meine Fußballträume zerplatzt und ich habe die Orientierung verloren. Ich weiß, was es bedeutet, wenn man vom Weg abkommt.

Aber ich weiß auch, wie gut es sich anfühlt, wenn die Familie und Freunde einen wiederaufrichten und man dadurch eine zweite Chance bekommt.«

Ein Quäntchen Demut
als ständiger Begleiter

Da ist es deutlich herauszuhören: das Quäntchen Demut, mit der Martin Schulz auf seinem Höhenflug als ständiger Begleitung lebt. Er versteht, wie es ist, nicht mehr bei sich selbst zu sein, verlacht zu werden, abgeschrieben zu sein, Freunde zu verlieren. Der übermäßige Alkohol zieht durch jedes Leben eine Schneise der Zerstörung. Martin Schulz hat die Konsequenzen gezogen, aber er weiß auch, dass er durch seine Bekanntheit ein *role model* für viele mit ähnlichen Problemen ist. »Er ist ein Vorbild, seine Offenheit hilft, das Tabu um den Alkoholmissbrauch zu senken. Jeder, der seine Sucht überwindet, ist für mich ein Held. Schulz beweist: Aufhören lohnt sich, man kann Alkoholiker gewesen sein und trotzdem Karriere machen«, sagt Reinhard Jahn, der Geschäftsführer des Blauen Kreuzes, der als Suchthilfeverband suchtgefährdete und suchtkranke Menschen sowie ihre Angehörigen unterstützt. Er ist ein Lobbyist, der von der Politik selten gehört wird, weil die Alkohollobby stark ist. Hier geht es um viel Geld der Brauereien, um Kneipenkultur, um das soziale Schmiermittel Nr. 1. Rauchen ist inzwischen fast zum Tabu geworden und nach außen verbannt worden, beim Trinken geht das nicht so leicht.

Dass Schulz mit seiner Entzugsstory offenbar mehr Respekt als Verachtung erntet, wurmt manche. Ein Mann beschimpfte auf der Internetseite eines Dortmunder Bundestagsabgeordneten den Kanzlerkandidaten. Ein »Ex-Alkoholiker ohne Schulabschluss« sei nicht kanzlerwürdig. Abgesehen davon, dass Schulz einen mittleren Schulabschluss hat: das Thema Alkohol und Politik wühlt viele auf. Damit löst der Ankläger aus dem Internet eine heftige Diskussion aus, die von den *Ruhr-Nachrichten* dokumentiert wird.

Wolfgang Ulrich von der Alkoholiker-Selbsthilfegruppe »return«, mit 33 Jahren Leiter der Hypothekenabteilung der Dresdner Bank, findet die Schulz-Schmähung übel. »Der Mensch, der das geschrieben hat, hat keine Ahnung von der Alkoholsucht. Ich rate dem Verfasser, dass er darüber nachdenkt, ob er selbst unfehlbar ist. Es gibt keine Ex-Alkoholiker.« Und weiter: »Alkoholismus ist eine lebenslange Krankheit, von der wir uns nicht mehr lösen können.« Schulz verdiene allen Respekt, meint der Selbsthilfegruppenleiter: »Ich betrachte seinen Lebenslauf eher als Qualifikation für den Umgang mit sich selbst und seiner Umwelt. Er hat gerade wegen seiner Lebensgeschichte eine hohe Qualifikation, um so ein verantwortungsvolles Amt menschlich auszufüllen.«

Getrunken wird überall, auch in höchsten Häusern. Der Deutsche Bundestag soll, so ist der Anspruch, mit seinen Abgeordneten das deutsche Volk vertreten. Wenn Martin Schulz im Herbst dort einzieht, wird er sicher den einen oder anderen Trinker um sich haben. Der Bundestag ist keine Ansammlung von Asketen und Buttermilchfreunden. Schon 1983 sagte Joschka Fischer, der damals als Bürgerschreck auftrat: »Der Bundestag ist eine unglaubliche Alkoholiker-Versammlung, die teilweise ganz ordinär nach Schnaps stinkt. Je länger die Sitzung dauert, desto intensiver.« Er wurde wegen seiner rüden Ausdrucksweise beschimpft, aber viele wussten, dass Fischers derbe Analyse der Wahrheit entsprach. Unwahrscheinlich, dass sich daran viel geändert hat, auch wenn Politiker wie Franz Josef Strauß, die als besonders trinkfest galten und selbst bei

Reden oder Fernsehauftritten manchmal alkoholisiert wirkten, heute fehlen.

Trinkfestigkeit gilt nach wie vor als Männlichkeitsritual und als unentbehrlich beim Networking. Die Verführungen sind in einem Abgeordnetenleben groß, berichtete der CSU-Politiker Michael Glos, als Wirtschaftsminister der Vorgänger von Karl-Theodor zu Guttenberg: »Ich kann mich an keinen sogenannten parlamentarischen Abend eines Verbandes, einer Botschaft, einer Lobby erinnern, bei dem das Alkoholangebot nicht reichhaltig war.« Miriam Meckel, heute Herausgeberin der *Wirtschaftswoche* und ehemalige Staatssekretärin in Nordrhein-Westfalen, hat Mitleid mit Politikern: Sie seien gefangen in einem »Zwangssystem aus Terminen« und »einer Menge Alkohol« – und damit im Grunde »bedauernswerte Existenzen«.

Manchmal endet der Kampf mit einer Alkoholsucht auch tödlich. Der CDU-Politiker Andreas Schockenhoff, der siebenmal das Direktmandat für den Bundestagswahlkreis Ravensburg errungen hatte, schlief 2014 in seiner Sauna ein und starb an den Verbrennungen. Ob er vorher etwas getrunken hatte oder ob es ein Unfall ohne Alkoholeinfluss war, war nicht klar. Aber sein Problem war bekannt. Er entschuldigte sich sogar öffentlich bei seiner Familie, die er durch seine Sucht schwer belastet hatte. Mehrmals wurde er wegen Verkehrsunfällen unter Alkoholeinfluss aktenkundig. 2011 beging er Fahrerflucht nach einem Unfall mit einem parkenden Auto. Er hatte 1,18 Promille im Blut, lag also im Bereich der absoluten Fahruntüchtigkeit, bekam einen Strafbefehl von 60 Tagessätzen und verlor seinen Führerschein für sieben Monate.

Solche Exzesse sind von Martin Schulz nicht bekannt. Anders etwa als Politikerkollegen. CSU-Mann Otto Wiesheu etwa wurde einst wegen fahrlässiger Tötung verurteilt. Mit

1,99 Promille hatte er 1983 auf der Autobahn einen tödlichen Unfall verursacht. Um zehn Jahre später ausgerechnet bayerischer Verkehrsminister und Bahn-Vorstand zu werden. Eine beachtliche Resozialisierung in den politischen Betrieb. Schulz hingegen fiel, als er noch Alkoholiker war, polizeilich nie auf. Und er hat sich selbst aus dem Sumpf gezogen, in den er sich einst gebracht hatte – mit der Hilfe von Familie und Freunden.

Da wiegt es umso schwerer, wenn durch die Sucht verlorene Freunde wiedergefunden werden. Es ist sicher für Martin Schulz etwas Besonderes, dass 2012 nach der Verleihung des Europapreises durch die Schwarzkopf-Stiftung eine Frau auf ihn zukommt und ihm herzlich gratuliert. Zunächst erkennt er sie nicht wieder, erzählt er Markus Feldenkirchen vom *Spiegel*. Es ist jene Ex-Freundin, die ihn 1980 wegen der Alkoholexzesse verlassen hatte. Sie sagt, dass sie stolz auf ihn sei. Martin Schulz muss das sehr viel bedeutet haben, auch wenn es zu keiner Neuauflage der Liebe kommt. Er ist ja seit Langem glücklich mit seiner Frau Inge verheiratet.

Das Kanzlerholz
und der Sausack –
Ein Schulabbrecher
im höchsten Amt?

Wenn sich Martin Schulz heute das Heilig-Geist-Gymnasium in Würselen anschaut, wird ihm das Herz lachen. Es ist eine weltoffene Schule mit christlich-humanistischer Grundausrichtung. Hier wird nicht nur kaltes Wissen vermittelt, sondern mit modernsten Methoden gearbeitet. Der Schulleiter ist Informatiker, der Computereinsatz gehört zum Unterricht. Das Haus, das von der Missionsgesellschaft der Spiritaner 1903 gegründet worden ist, hat einen Eine-Welt-Laden, im Sozialpraktikum kümmern sich Schüler der Oberstufe drei Wochen lang um behinderte Kinder, Menschen in Krankenhäusern, Altenheimen, Pflegestationen – eine unbezahlte, aber auch unbezahlbare Zeit, um seinen Horizont zu erweitern. Hier werden keine Ichlinge gezüchtet, sondern ausdrücklich auch Herz und Charakter geschult. Es herrscht ein guter Geist am Heilig-Geist-Gymnasium, hier, so sieht es aus, werden Werte vermittelt, aber keine weltfremden.

»Früher war das nicht immer so«, erzählt Altphilologe Jürgen Beckers, Kabarettist und Lateinlehrer am Heilig-Geist-Gymnasium, derzeit wegen seiner künstlerischen Karriere beurlaubt. »Als Martin Schulz Schüler war, galt dieses Gymnasium als kohlrabenschwarz und stockkonservativ, in den Siebzigern wehte da der Geist der Fünfzigerjahre durch die Gemäuer. Klar, dass Martin Schulz mit seinen fortschrittlichen Ansichten da aneckte, er hat ja oft seine Meinung klar gesagt.«

Männlicher Pippi Langstrumpf – Und Schulsprecher

Trotzdem oder vielleicht sogar deswegen wird Martin Schulz zum Schulsprecher gewählt – ein Phänomen, das man bei fast allen Spitzenpolitikern vorfindet. Fast alle haben in der Schule bereits Verantwortung für andere übernommen und sich profiliert, vor allem in der Kunst des Redens und dem Durchbohren dicker Bretter gegen alle möglichen Widerstände.

Der Unterschied ist nur: Andere Politiker sind in ihrer Jugend in der Schule gut, bei Martin Schulz fallen die Leistungen in der Pubertät krass ab. Und er bereitet seinen Lehrern – die meisten sind damals noch Geistliche – wegen seiner Fußballverrücktheit Kummer: »Ich hab' nur noch Fußball gespielt, mich interessierte nichts anderes mehr. Mir war die westdeutsche Vizemeisterschaft wichtiger als die Klassenarbeit in Mathematik.« Dieses Fach und die Naturwissenschaften haben es ihm so gar nicht angetan. Im Matheunterricht provoziert er seinen Lehrer, der auch bei Rhenania Würselen kickte, damit, dass er schon mal ein leeres Blatt abgibt. Die Erklärung, die er im Klassenheft schriftlich zu Protokoll gibt, ist rotzfrech und selbstgefällig. »Sehr geehrter Herr Degenhardt, in Anbetracht von Form,

Umfang und Schwierigkeitsgrad der mir gestellten Aufgaben sehe ich mich außerstande, an der Mathematik-Arbeit teilzunehmen.«

Martin Schulz entwickelt sich zu einer Art männlicher Pippi Langstrumpf. Er macht sich die Welt, wie sie ihm gefällt. Statt mit Formeln und Sinuskurven beschäftigt er sich lieber mit dem für viele damals wichtigsten Geschichtsbuch, der bis heute legendären Hitler-Biografie von Joachim Fest. Im Fach Geschichte ist er denn auch sehr gut, er verschlingt alles und ist vor allem hoch interessiert daran, wie ein Diktator, der als Kunstmaler gescheitert war, ein ganzes Volk in den Abgrund führen konnte.

Einseitige Begabungen und Interessen führen jedoch nicht zum Abitur. Das Abwählen von missliebigen Fächern, wie es heutigen Schülergenerationen in der Oberstufe erlaubt ist, gibt es damals noch nicht. Zweimal verfehlt der Lehrerschreck das Klassenziel in der Stufe 11. An mangelnder Intelligenz liegt es nicht. Er ist schlicht faul. »Ich war ein Sausack«, sagt Schulz im Rückblick über sich selbst. Mit der mittleren Reife verlässt er seine Schule – eine Demütigung für ihn und ein neuer Misserfolg. Mit 18 muss er dem Abitur Adieu sagen.

Ein Buchhändler als Retter –
Und andere Wege zur Bildung

Die Rettung für Martin Schulz ist Pater Schmitz, Direktor der Ordensschule. Dieser erkennt, dass in dem störrischen jungen Mann andere Talente schlummern als die, die bei gewöhnlichen Schülern zum Abitur führen. Jüngling Schulz liest gerne historische und schöngeistige Literatur – was liegt da näher als eine Lehre als Buchhändler? Der Direktor (»Du bist eine faule Sau, aber dumm biste nicht«) vermittelt ihm einen Ausbildungsplatz. Martin Schulz wird ihm das ein Leben lang nicht vergessen: »Es ist wichtig, dass Menschen an einen glauben. So fand ich in der Buchhandlung einen tollen Lehrmeister, der auch zu mir hielt, wenn ich nicht zur Arbeit erschien, weil ich versackt war. Wenn ich Chef gewesen wäre, ich hätte mich rausgeschmissen. Er nicht – Kompliment.«

Der Buchhändler Theo Görtz scheint einem Bilderbuch entsprungen: mit seinem Laden verwachsen, immer lesend, liebevoll die Kunden beratend, heute kaum mehr vorstellbar. Vor allem aber lässt er Schulz Freiheiten. Und noch etwas vermittelt er seinem aufsässigen Schützling: Herzensbildung. »Es kann sein, dass du eine große Bildung hast, aber die nützt dir nichts, wenn du keine Herzensbildung hast«, sagt der Chef zu ihm, zitiert die österreichische Autorin Margaretha Kopeinig in »Vom Buchhändler zum Mann für Europa«.

Die Worte werden zu einem der goldenen Sätze in seinem Leben, eine Richtschnur, an die Martin Schulz sich bis heute zu halten versucht. Der ausgebuffte politische Vollprofi hat den Anspruch an sich, zwar mit allen Wassern gewaschen zu sein, aber kein Fiesling zu werden. »Du musst am Ende mit dem Herzen spüren, ob das, was du tust, mit deinen Grundprinzipien noch vereinbar ist, oder ob du bereit bist, sie über Bord zu werfen. Das, glaube ich zumindest, habe ich in meinem Leben bislang nie getan.«

Schulz vergisst auch nicht, wer ihm einmal geholfen hat, erzählt Jürgen Beckers, der schon erwähnte Kabarettist und derzeit freigestellte Lateinlehrer vom Heilig-Geist-Gymnasium: »Als Pater Schmitz, der ihm eine Lehrstelle als Buchhändler verschafft hatte, einen Schlaganfall hatte, kümmerte sich Martin Schulz darum, dass er einen guten Pflegeplatz bekam und in dem Heim, in dem er untergebracht war, als eine Art Hausgeistlicher wirken konnte. Martin war seinem Förderer sehr dankbar, dass er trotz aller Enttäuschungen immer an ihn geglaubt hatte.«

Menschen wie Pater Schmitz und Buchhändler Görtz sind Engel, die nicht jedem erscheinen. Schulversager, die sich in die Enge getrieben fühlen, denen keiner mehr eine Perspektive eröffnet, die nichts mehr zu verlieren haben und abgeschrieben sind, tun oft schreckliche Dinge. Der Schulattentäter Robert Steinhäuser aus Erfurt schoss erst um sich, weil sich keiner um ihn kümmerte, als er ohne Schulabschluss das Gymnasium verlassen sollte. Er fühlte sich alleingelassen in seiner Entwertung, bevor er in seinem Hass zu der monströsen Tat schritt.

Martin Schulz gibt nicht den Lehrern die Schuld für sein Versagen. Er übernimmt, das zeigt seine Geschichte, Verantwortung für sein Handeln und hat Menschen um sich, die ihm Halt und Perspektiven geben. Lange leidet der kulturinteressierte junge Mann darunter, dass er kein Abitur hat – im Gegensatz zu seinen Geschwistern, die alle erfolgreich in der Schule sind und ihren sozialen Aufstieg darauf gründen. Bis er irgendwann begreift, dass sich jeder Mensch seine eigene Biografie schaffen kann. Dass man sich Bildung auch anders als auf dem Gymnasium oder an der Universität aneignen kann. Dass ein Schulabbruch nichts mit mangelnder Intelligenz zu tun haben muss. Dass man sich Sprachen selbst beibringen kann, Wissen über Literatur, Geschichte und Politik sowieso. Dass jeder Jeck, wie man im Rheinland sagt, anders ist und es auch krumme Wege zu einer umfassenden Bildung gibt.

Fehlende »Dachstube mit Innenausbau«?

Martin Schulz verherrlicht seinen seltsamen Umweg in die Spitze der Republik nicht. Er bedauert ihn – auch wenn er seine alte Schule besucht, mit der er sich längst versöhnt hat. Ihm ist bewusst: Es ist die Ausnahme, wenn einer wie er es ganz an die Spitze der Gesellschaft schafft.

Auch deswegen mag die Frage legitim sein: Ist die mangelnde Schulbildung die Achillesferse von Martin Schulz? Macht es ihn angreifbar, dass er keine Hochschulreife hat, disqualifiziert es ihn gar zum Kanzler?

Kein Politiker wagt es bisher, diese Vermutung offen zu formulieren – es würde als arrogant empfunden werden und einen Shitstorm zur Folge haben. Zu Recht: Die meisten Menschen haben Abschlüsse an Haupt- oder Realschulen. Sind sie deswegen schlechtere Menschen? Nein. Schaffen es nicht trotzdem nicht wenige von ihnen nach oben? So ist es.

Erstaunlich also, dass es Anfang 2017 dennoch zu einer etwas dünkelhaften Debatte kommt. Gabor Steingart, lange Chefredakteur des *Handelsblatts* und heute Herausgeber und Mitglied der Geschäftsführung der Verlagsgruppe Handelsblatt, hält dem Politiker das fehlende Abiturzeugnis vor. Er sei schon allein deswegen nicht aus »Kanzlerholz« geschnitzt: Deutschland habe bisher keinen Regierungschef ohne Abitur besessen – nicht, »weil Bildung schick ist, sondern weil das Amt – erst Recht in Zeiten der Hyperkomplexität – nicht Small Talk, sondern Big Talk verlangt.« Dabei belässt es Steingart aber nicht. Er fügt hinzu: »Wer gegen die promovierte Physikerin Merkel antritt, deren geistige Ausstattung man imposant nennen darf, muss eine Dachstube mit Innenausbau vorweisen können.«

Die Kirche gehört nun mal ins Dorf und Schulz nicht ins Kanzleramt, kanzelt Gabor Steingart den Kandidaten in einem Ton ab, der keinen Widerspruch duldet. Das geht selbst der *Frankfurter Allgemeinen Zeitung*, die sich durchaus an ein elitäres und akademisches Publikum wendet, zu weit: »Im Hauptmann von Köpenick hieß es einst, ab dem Gefreiten beginne der Darwinismus, aber der Mensch fange erst beim Leutnant an. Für Steingart beginnt der Kanzlerkandidat also beim Abitur, über das er sich irgendwie – auf dem Weg der Introspektion – das Urteil gebildet haben muss, es gehöre zum Gehirn oder hinterlasse besondere Spuren im Denken.« So nicht, findet die *FAZ*. Dass man Schulbildung auch vergisst, so das Intelligenzblatt, komme hinzu.

Die Argumentation von Gabor Steingart führt zudem ins Leere, wenn man sich klarmacht, dass auch Franz Müntefering kein Abitur hat, sondern »nur« einen Hauptschulabschluss. War der Meister der kurzen Sätze, der nicht herumschwurbelte, deshalb ein schlechter Minister, ein miserabler SPD-Chef? Mitnichten, finden selbst kritische Medien oder politische Gegner. Von Joschka Fischer, der Taxi fuhr, als die anderen in den Hörsälen Scheine erwarben, ganz zu schweigen. Auch er hatte nicht das Reifezeugnis. Keine Spur von akademischer Bildung im klassischen Sinne, wenn man Hörsaalbesetzungen nicht dazuzählt. Wurde er deshalb von Madeleine Albright, der damaligen amerikanischen Außenministerin, nicht ernst genommen? Sind französische Politiker wie Nicolas Sarkozy oder François Hollande, die allesamt Eliteschulen durchliefen, wirklich fähiger? Ja, Schulz hat eine Leerstelle im Lebenslauf. Wie im Übrigen Lothar Späth, Johannes Rau, Michael Glos und Horst Seehofer, die auch nie an einer Uni waren und die trotzdem die politische Klasse aufs Beste vertraten oder vertreten – auch wenn man nicht immer ihrer Meinung sein musste.

Natürlich gab es Widerspruch gegen Steingarts Attacke. Horand Knaup ist in seinem Kommentar auf *spiegel.de* entsetzt und verteidigt den SPD-Mann: »Auch Bildung ist weit mehr als das Absitzen von Schulstunden oder Studientagen, das Bestehen einer Reifeprüfung oder der Erwerb einer Promotion. Bildung ist ein Prozess, ein fortdauernder Erwerb von geistigen und kulturellen, aber auch von intellektuellen, persönlichen und sozialen Kompetenzen. Schul- und Studienabschlüsse bewerten Lernleistungen, ob sie auch Bildung im umfassenden Sinn messen, darf bezweifelt werden.«

Und Martin Schulz? Er hat die anmaßenden Thesen von Steingart unwidersprochen gelassen, auf einen groben Klotz keinen groben Keil gesetzt. Weil sich Steingarts elitäre Attacken von selbst kommentieren und mehr über den Autor aussagen als über Martin Schulz, der auf jeden Fall über einen größeren Wortschatz als Konrad Adenauer verfügt. Laut SPD-Legende Kurt Schumacher soll der mit 500 Wörtern ausgekommen sein. Trotz Abitur.

Die Debatte über die Kanzlertauglichkeit eines schulisch gescheiterten Mannes, der als hoffnungsloser Fall galt und zum Schrecken der Lehrer wurde, kann Schulz im Übrigen auch von Nutzen sein – nicht nur in den bildungsfernen Schichten. Der akademisch gebildete Politiker wird längst nicht mehr automatisch angebetet. Es gibt inzwischen in fast allen westlichen demokratischen Ländern eine weit verbreitete Skepsis gegen das politische Establishment, gegen die Vererbung von Bildungsprivilegien, gegen allzu geradlinige Karrieren. Kein Wunder: Von der Schule auf die Uni und dann sofort in den politischen Betrieb, immer stromlinienförmig und angepasst. Solche Lebensläufe von politischen Mandatsträgern sind heute durchaus üblich. Heraus kommen meistens taktisch geschulte, aber glatt geschliffene Funktionäre, die sich gut als Hofschranzen der Macht eignen, nicht aber für echte *political leadership*. Das Unbehagen, ja der Frust gegenüber weiten Teilen der politischen Klasse dürfte auch hier seine Ursachen haben.

Martin Schulz setzt seine gebrochene Bildungsbiografie dagegen, die alles ist, nur eins nicht: geplant. Er ist gegen den

Strom geschwommen und wäre fast ertrunken und hat so eine Geschichte geschrieben, mit der sich viele identifizieren können.

Die enorme Lebensleistung von Schulz, sich zum EU-Parlamentspräsidenten und nun zum Kanzlerkandidaten hochgearbeitet zu haben, wiegt weitaus schwerer als zum Beispiel ein Doktortitel, der vielen Abgeordneten derart wichtig ist, dass sie ihn auf jedes Wahlplakat schreiben. Der so hoffnungsvoll gestartete Karl-Theodor zu Guttenberg ist über diese Bildungsprotzerei gestolpert, weil er sich als Hochstapler mit einer gefälschten Doktorarbeit entpuppte. Die damalige CSU-Lichtgestalt musste als Bundesverteidigungsminister zurücktreten und flüchtete dann ins amerikanische Exil.

Dass Schulz selbst zwischenzeitlich vier Ehrendoktortitel verliehen bekommen hat, darunter einem von der Hebräischen Universität in Jerusalem, entbehrt so gesehen nicht einer gewissen Ironie.

Privates Glück –
Große Liebe,
heilige Familie

Mit einem Politiker verheiratet zu sein, ist nicht einfach. Jeder will etwas von ihm, er scheint Allgemeingut zu sein, überall wird er erkannt und angehalten. Ruhige Wochenenden mit ihm kann man vergessen, meistens ist er auf Parteiversammlungen oder im Wahlkampf unterwegs.

Inge Schulz weiß das alles gut. Ihr Gatte gilt als einer der umtriebigsten Politiker überhaupt, als einer, der lieber einen Termin zu viel als zu wenig wahrnimmt. Aber sie kriegt das Leben mit ihm ganz gut hin. Seit mehr als 30 Jahren sind die beiden verheiratet. Gegensätze haben sich da offenbar angezogen. Er will Aufmerksamkeit, ist geltungsbedürftig, sie hingegen genau das Gegenteil. In der Öffentlichkeit bleibt Inge Schulz lieber im Hintergrund. Selten begleitet sie ihren Mann auf Empfängen, nimmt nur die wirklich herausragenden Termine wahr. Als ihr Mann mit dem Aachener Karlspreis ausgezeichnet wird, ist sie an seiner Seite, ein seltenes Ereignis.

Inge Schulz' Zurückhaltung im öffentlichen Raum verbindet sie mit Joachim Sauer, dem Chemieprofessor, der mit der

Kanzlerin verheiratet ist. Sauer gibt grundsätzlich keine Interviews. Seine radikale Scheu den Medien gegenüber wird ebenso akzeptiert wie ihre.

»Ohne Inge bin ich eine arme Socke«

Die Ehe der Schulzens gilt als vorbildlich, Martin als treuer, loyaler Ehemann, von dem keinerlei Affären bekannt sind. Vier Scheidungen wie bei Gerhard Schröder oder Joschka Fischer sind bei ihm undenkbar, dafür ist er zu solide. Martin Schulz schätzt den ehelichen Hafen und die Familie ist ihm heilig. So oft wie möglich ist er zu Hause und tankt dort auf. Aber auch wenn er unterwegs ist, hält er ständigen Kontakt. SMS von Mitgliedern der Familie, die von Tochter Lina, Jahrgang 1987, und Sohn Nico, geboren 1991, komplettiert werden, beantwortet er meist sehr schnell.

So wenig, wie Martin Schulz' Aufstieg ohne seine Frau vorstellbar ist, so wenig ist vorstellbar, dass er sich ohne ihre Zustimmung zum Kanzlerkandidaten hätte machen lassen, daran besteht kein Zweifel. Sie steht auch deswegen voll hinter ihm, weil sie die Abmachung kennt, die die beiden am Anfang ihrer Ehe getroffen haben: Du machst dein Ding, ich mach meines. Aber bitte erwarte nicht, dass ich ständig an deiner Seite bin. »Du wirst Bürgermeister, nicht ich«, soll seine Frau gesagt haben.

Das ist nicht immer ganz durchzuhalten. Denn natürlich wird Inge Schulz auf ihren Mann angesprochen, wenn sie in Würselen unterwegs ist. »Er müsste ein bisschen mehr Sport machen«, sagt sie dann manchmal lachend. Auf politische Gespräche lässt sie sich eher nicht ein. Das bringe nur Ärger. Und sie stehe ja nicht zur Wahl, findet sie.

Bekannt ist: In der Familie gibt es eine Art Fairnessabkommen. Ehefrau und Kinder unterstützen Martin Schulz. Und es mault keiner, wenn er wegen seiner Terminflut nicht zu Hause ist. Aber es gibt auch einen Grundsatz, bestimmt durch Inge Schulz. Der Journalistin Margaretha Kopeinig offenbarte er ihn: »›Verlange nichts von mir, was ich nicht freiwillig geben würde, nur mit der Begründung, das ist für dein Amt‹, sagte mir meine Frau. Sie sagte auch: ›Verlang nichts von den Kindern, was sie nicht freiwillig geben würden, mit der Begründung, das ist für dein Amt.‹« Martin Schulz hielt sich daran. Jedenfalls ist nicht bekannt, dass er es nicht tat. Wie es aussieht, hat er ein feines Gefühl dafür, was er Menschen zumuten kann. Zumindest ihm persönlich nahestehenden Menschen.

Martin Schulz schätzt das an ihr, er weiß, wie schnell eine Liebe zerbrechen kann, und weiß, wie sich Einsamkeit anfühlt. »Ich habe eine Freundin durch meine Sucht verloren. Und weil ich auch in der Liebe scheiterte, habe ich noch mehr gesoffen. Das Prinzip kennen viele: ich trinke, weil ich traurig bin und bin traurig, weil ich trinke.«

Schulz ist Sozialdemokrat, und doch muss man sich ihn auch als bürgerlichen Menschen mit konservativem Kern vorstellen. Gerade im Verhältnis zu seiner Frau wird das deutlich. »Ohne meine Frau wäre ich eine arme Socke«, formuliert er in der ihm eigenen saloppen Sprache. »Sie lieben sich sehr. Inge trägt ihn, er ist sehr aufgehoben in seiner Familie«, findet seine Schwester Doris.

Inge Schulz studierte Garten- und Landschaftsarchitektur und hatte ein eigenes Büro, bevor sie schließlich kürzer trat. »Sie ist Landschaftsgärtnerin – und das sieht man ihr auch an, wenn man ihr begegnet«, sagt die Besitzerin einer Boutique, in der Inge Schulz einkauft. »Kräftige Hose, dicke Jacke, flache praktische Schuhe – ein Modepüppchen ist sie nicht.«

Eigenständigkeit

In ihrem Beruf lernte die aus Polen stammende Inge ihren späteren Mann auch kennen. Es ging um ein Projekt für arbeitslose Jugendliche, für das Stadtrat Martin Schulz zuständig war. Sozial und ökologisch – da fanden sich zwei in der Liebe, aber auch politisch waren sie irgendwie zeitgemäß.

Inge Schulz, selbst SPD-Mitglied, ist stolz auf ihre ökologische Gesinnung. Das grüne Bewusstsein kann bei ihr so weit gehen, dass sie Schnittblumen als Geschenk ablehnt. Wenn schon Blumen – dann mit Wurzeln. Natur geht vor. Das klingt für manche radikal, in jedem Fall aber nach Eigenständigkeit.

Das Interesse der Medien an Inge Schulz wird wachsen. Das private Refugium, in dem sie bis jetzt lebte, wird nun teilweise gestört werden. Wie hat Martin Schulz einst gesagt: »Ich halte meine Frau und unsere zwei Kinder komplett aus der Politik raus.« Diesmal wird die Umsetzung dieses hehren Vorsatzes nicht einfach werden. Denn ein Kanzlerkandidat steht ganz anders im Licht der Öffentlichkeit als der Bürgermeister einer Kleinstadt oder der Präsident des Europaparlaments. Gut möglich, dass sich Paparazzi vor dem Haus auf die Lauer legen, um Familie Schulz abzulichten. Schon jetzt muss sich Inge Schulz damit abfinden, dass Bodyguards ihren Mann begleiten.

Plakatbilder mit der Ehefrau, wie sie zum Beispiel Edmund Stoiber, der bayerische Ministerpräsident und CSU-Kanzlerkandidat, 2002 einsetzte, sind bei Schulz eher nicht vorstellbar. Stoiber brauchte die Emotionalität seiner Frau, um sein Bürokratenimage abzumildern. Schulz hat seine Emotion schon immer gezeigt und macht aus ihr keinen Hehl.

In jedem Fall hat Martin Schulz Korrektive in der Familie. Und dort einen Schutzraum. Den wird er brauchen. Nicht nur im Wahlkampf, auch danach. Würselen und Brüssel waren eine Idylle gegen das, was ihn erwartet in Berlin und im Land und was er schon jetzt erlebt. Gut möglich, dass der Familienzusammenhalt vor ganz neue Herausforderungen gestellt wird.

Lernort Würselen – Ganz nah an der großen weiten Welt: Erst Bart, dann Buch, dann Politik

Ist es ein Vorteil, in einer kleinen Stadt die Spielregeln der Welt zu lernen? Martin Schulz wird das bejahen. »Alles, was ich im Leben erreicht habe, habe ich hier gelernt, habe ich auf vielfache Weise meiner Heimat zu verdanken«, lautet sein Bekenntnis. An echter Liebe zur heimischen Scholle ist er schwer zu übertreffen. »Viele Menschen in Deutschland leben in der sogenannten Provinz und ich schäme mich nicht, dass ich aus Würselen komme, einer kleinen Stadt in Nordrhein-Westfalen«, sagte er in seiner ersten Rede nach der Bekanntgabe der Kanzlerkandidatur.

Lange wurde der alte Grubenort mit der imposanten Burg Wilhelmstein von den Hauptstadtjournalisten etwas geringschätzig betrachtet oder gar belächelt, obwohl er bereits 870 nach Christus von den Karolingern gegründet worden ist und zu Zeiten Karls des Großen ein Nebenhof der Aachener Kaiserpfalz gewesen war. Seit die Umfragewerte von Martin Schulz in die Höhe schossen, lachen sie nicht mehr über »Würseln«, wie es die Einheimischen aussprechen. Und über ihn schon gar nicht.

Bekannter als der Fußballbundestrainer

Er ist Ehrenbürger der 40 000-Seelen-Stadt und verschafft ihm nun ein prima Image, um das ihn vergleichbare Orte beneiden. »Seine Kanzlerkandidatur ist die beste Werbekampagne, die wir je hatten«, findet Bürgermeister Arno Nelles, SPD-Mann wie Schulz.

Kein Wunder, mittlerweile ist Martin Schulz noch prominenter als der »Düvel«, also der Teufel, mit dem in Würselen gerne Schabernack getrieben wird. Bei der Sanierung der Kirche St. Sebastian war 1938 unter dem Dach im alten Turm eine Teufelsfigur entdeckt worden, die die Zähne fletscht. Lustige Teufelchen begrüßen jetzt Neubürger in Würselen auf der Stadtbroschüre, die Karnevalisten vergeben jedes Jahr eine Teufelsskulptur an einen verdienten Bürger. Rheinischer Humor.

Schulz ist nicht der einzige bekannte Bürger Würselens. Hier wohnte Jupp Derwall, mittlerweile verstorbener Fußballbundestrainer, unter dem Deutschland Europameister sowie Vizeweltmeister wurde. Von hier kommen auch Reitolympiasiegerin Nadine Capellmann oder »Der Graf«, mysteriöser Chef der Pompös-Pop-Band »Unheilig«, der seinen Namen nicht verraten will.

Aber richtig bekannt gemacht hat Würselen nur Martin Schulz. In seinem Bürgerstolz lässt er sich nicht übertreffen, meint Bürgermeister Arno Nelles, als er Martin Schulz zum Ehrenbürger gratulierte: »Es vergeht kein Anlass, bei dem er nicht darauf verweist, dass Würselen seine Heimatstadt ist; ob

Talkshows, Interviews in internationalen Printmedien oder Gespräche mit den Regierungschefs dieser Welt.« Und Nelles fährt fort, dass die Tatsache, selbst der ehemalige Bundespräsident Gauck und Papst Franziskus wüssten inzwischen, wo Würselen liegt, Schulz zu verdanken sei. Je weiter Schulz sich mit seiner Karriere von seinen Wurzeln zu entfernen scheine, umso enger scheine auch wiederum seine Verwurzelung zu werden. »Seine Bindung an Würselen wächst, wie umgekehrt die Bindung seiner Heimatstadt an ihn ebenfalls zunimmt.«

Die Wochenzeitung *Die Zeit* würdigt Schulz' ständige Verweise auf seine rheinische Heimat so: »Niemand muss sich an seiner Herkunft messen lassen. Es sei denn, er tut alles dafür wie Martin Schulz. Sind wir nicht alle ein bisschen Würselen?, fragt er bei jeder Gelegenheit und gibt die Antwort vorsichtshalber gleich selbst. Ja, natürlich sind wir das.« Gerade Sozialdemokraten und wohl auch Unionspolitiker mögen das nicht hören wollen: Aber vielleicht ist es kein Zufall, dass bei Schulz und Würselen manche in puncto Verwobenheit mit der »provinziellen Heimat« auch an Helmut Kohl und Oggersheim denken. *Die Zeit* schreibt dann auch weiter: »Würselen ist seine Allzweckwaffe, sie ist Metapher, Legitimation und Programm zugleich.« War das bei Helmut Kohl wirklich anders?

»Ich fand, ein Juso muss einen Bart haben« – Geschenk für Karikaturisten

Apropos Kohl: Was bei dem die Birnenform war, könnte bei Schulz der Bart werden. Ein unverwechselbares Markenzeichen.

Von Anfang an gehört er dazu. Denn als er 1977 zu den Jusos kommt, ist er von Bärtigen umringt. »Ich habe ihn, seit ich 22 Jahre bin. Ich fand, ein Juso muss einen Bart haben«, erzählt Schulz. Der Bart, auch ein Zeichen von Revoluzzertum – gegen den Mief bürgerlicher Spießigkeit.

Und heute? Seit Schulz Kanzlerkandidat ist, ist auch sein Bart *talk of the town*. Nicht wenige finden ihn dadurch markant und modern, vertrauenserweckend, ja gemütlich. Wir leben schließlich in Zeiten, in denen Hollywood-Stars und hippe junge Männer gerne Bart tragen. In ganz Deutschland gibt es viele neue Barber-Shops, die sich hingebungsvoll der männlichen Haarpflege im Gesicht widmen.

Was für ein Wandel. Die Situation ist eine ganz andere als bei Rudolf Scharping, der 1994 Kanzlerkandidat der SPD wurde und der auch wegen seines eigenwilligen Bartes nicht ganz ernst genommen wurde. Ein Bärtiger kann nicht Kanzler werden, hieß es damals. Scharping verlor gegen den glatt rasierten Helmut Kohl, der auf seinen Plakaten allen Ernstes »Politik ohne Bart« schrieb. Und mit diesem doch etwas billigen Ressentiment gegen Bartträger durchkam.

Schulz weiß, dass sein Bart – jenseits aller Hipness – auch heute noch polarisiert. Udo Walz, der Promifriseur, der die Haare der Kanzlerin zu einer krisenfesten und staatstragenden Frisur modelliert hat, ein echtes Meisterstück, riet ihm sofort zur Rasur: »Der Bart muss ab. Weil das jünger aussieht.« Nun ist Udo Walz erstens Merkel-Fan (»Ich liebe Frau Merkel«) und zweitens selbst Besitzer eines imposanten Bartes. Die Chance, dass Martin Schulz seiner Bitte folgt, ist also gering.

Am heftigsten wurde der bärtige SPD-Chef von Franz Josef Wagner, dem Kolumnisten der *Bild*-Zeitung, angegangen: »Lieber Martin Schulz, der Wert eines Menschen hängt nicht von Äußerlichkeiten ab. Aber bitte rasieren Sie sich!« Ein Kanzlerkandidat solle, wie er meinte, kein »Spinnennetz vor seinem Gesicht haben«. Ob er denn auch mit seinen 61 Jahren immer noch ein Revoluzzer sein wolle?

Vielleicht muss Franz Josef Wagner nur nach Würselen fahren und Robert Mickartz besuchen. Mickartz betreibt sein Friseurgeschäft in der vierten Generation und schaut mit seinem weißen Vollbart und seinen asiatischen Tattoos aus wie jemand, der gerne mit sich experimentiert. Was also soll der Schulz-Bart bedeuten? »Martin Schulz mag ihn einfach und er gehört zu ihm. Es wäre eine Riesendummheit, ihn abzuschneiden. Da liegt Udo Walz komplett falsch. Der Bart macht ihn authentisch – und er ist typgerecht. Martin Schulz muss Martin Schulz bleiben – das ist er nur mit Bart. Er pflegt ihn im Übrigen sehr. Ungefähr alle ein, zwei Wochen kommt er zu mir. Da ist er ein Perfektionist, vor allem vor Fernsehauftritten«, lobt der Friseurmeister seinen treuen Kunden. Seit 18 Jahren kümmert Mickartz sich nicht nur um dessen Bart: »Der Haarausfall liegt bei Martin Schulz in der Familie. Viele denken, bei ihm ist wegen der wenigen Haare nicht viel zu machen. Aber sein Kopf darf nicht so aussehen wie ein Kranz.«

Unumstritten hat dieser Kopf Wiedererkennungswert. Der wäre dahin, wenn er sich rasieren würde, nur um jünger zu wirken. »Aber Martin Schulz hat das gar nicht nötig«, so Mickartz weiter. Die grau melierten Stellen im Bart von Martin Schulz werden mehr, aber das muss ja nicht negativ sein: So etwas macht seriös. Eine Debatte wie bei Gerhard Schröder, der darauf bestand, dass seine schwarzen Haare nicht gefärbt seien und sogar gegen anderslautende Berichte prozessierte, wird es also nicht geben.

Vielleicht ist es nur Aberglaube, warum Martin Schulz seinen Bart so liebt. Es gibt ja Männer, die davon überzeugt sind, ein Teil ihrer Stärke liege im Bartwuchs. Bei Schulz jedenfalls ist der Beginn seiner politischen Karriere mit seinem Bart verknüpft.

Ein Geschenk für Karikaturisten sind sein Kopf und sein Bart allemal. Findet auch Dieter Hanitzsch, einer der bekanntesten Karikaturisten hierzulande: »Es macht richtig Spaß, seinen Charakterkopf zu zeichnen. Mehr noch: Für mich ist er ein optimales Opfer.« Schulz sei kein schöner Mann, aber die seien auch eine Katastrophe für einen Zeichner. »Schulz hingegen hat eine sehr prägnante arabische Nase, dicke Augenringe. Er spricht mit dem Gesicht, er wirkt wie ein Mensch mit reichen Gefühlen, hat nicht so ein Pokerface wie Angela Merkel. Manchmal wirkt er sogar etwas dämonisch. Und natürlich der Bart, auch der ist sehr günstig für mich. Ein Spitzenpolitiker muss karikabel sein. Schulz ist es. Es wird ihm nützen.«

Die Frage ist: Was nützt ihm noch aus seinen prägenden Jahren in Würselen? Kein Zweifel: sein gelernter Beruf als Buchhändler und seine Zeit als Eigentümer eines Buchladens.

Ein Buchhändler im Bundestag

In der deutschen Politik gibt es einen Kalauer: Der Bundestag ist mal voller und mal leerer, aber immer voller Lehrer. Da ist etwas dran. Gerade in der SPD gibt es zahlreiche ehemalige Pädagogen, die in eine politische Laufbahn wechseln. Sehr viele Juristen und Beamte kommen dazu. Aus ihnen rekrutiert sich, parteiübergreifend, im Wesentlichen das Führungspersonal der Republik. Handwerker, Krankenschwestern und Arbeiter sind kaum vertreten. Von einer echten Volksvertretung, die die Bevölkerung auch beruflich abbildet, kann also kaum eine Rede sein.

Wenn Martin Schulz im Herbst als Spitzenkandidat seiner Partei in den Bundestag einziehen wird, ändert sich dies in einem Punkt. Im Hohen Haus wird es zumindest einen gelernten Buchhändler geben.

Und in der Tat kommt dann ein Politiker ins Reichstagsgebäude, der sich immer noch als Mann des Buches empfindet. Und der wie kein anderer für das Lesen wirbt. Und der ganz sicher eine Menge Verständnis hat für die Nöte von Buchhändlern im Internetzeitalter, die vom Branchenriesen Amazon bedroht werden, obwohl sie den weitaus besseren Service anbieten.

Ohne Zweifel sind damals die Zeiten für Buchhändler besser. Schulz, erinnert er sich heute, ist ein glücklicher Mann, wenn er seine Ladentür aufschließt. Bücher sind seine Welt. In die Literatur kann er sich flüchten, wenn es ihm nicht gut geht, und er unternimmt Fantasiereisen, um der manchmal tristen Realität zu entgehen. Der Job des Buchhändlers, der von Wirtschaftlichkeit ebenso viel verstehen muss wie von Literaturkritik, füllt ihn aus.

Der Traum, einmal eine eigene Buchhandlung zu haben und Menschen zu beraten, ist früh in ihm gewesen. Dass der junge Mann, der gerade seine Alkoholsucht hinter sich gelassen hat, 1982 zum Unternehmer wird, ist trotzdem auch eine günstige Fügung, eine Gelegenheit, die ihm das Schicksal bietet. Und so greift er zu – mit aller Konsequenz. In der Kaiserstraße in Würselen, der guten Stube der Stadt, wird ein Ladenlokal frei. Das Haus gehört seinem Freund Achim Großmann, dem Vorsitzenden der regionalen SPD. Irgendwie schafft es Martin Schulz, der eigentlich keine Ersparnisse hat, 80 000 Mark aufzutreiben. Sein Schwager und sein Bruder vertrauen ihm je 20 000 Mark für ein Existenzgründungsdarlehen an, ein zinsloser Gründerkredit bringt ihm noch einmal 40 000 Mark. Damit lässt sich eine kleine, aber feine Buchhandlung einrichten.

Schnell gilt der Laden als Bereicherung. Und schnell ist Martin Schulz, der auch über der Buchhandlung wohnt, ein Menschenmagnet. Das Privatleben und das berufliche Leben kann er gar nicht mehr abgrenzen, es fließt ineinander über. Er kennt viele Leute, die bei ihm einkaufen. »Wir wollten ihn bewusst unterstützen, weil er ja eine schwere Zeit hinter sich hatte, er sollte sich stabilisieren«, erzählen Freunde. Und er schafft es, die Buchhandlung zu einem Treffpunkt zu machen, zu einem Ort, den man auch aufsucht, wenn man kein Buch kaufen will. Im hinteren Teil des Ladens wird es gemütlich, da treffen sich die Linken, um an der Weltrevolution im Großen und am Wohl der Stadt im Kleinen zu arbeiten. Hier wird gegessen und getrunken und über Gott, die Welt und die Verbesserungen in der Gesellschaft geredet. Und vor allem geht es um Kinderspielplätze, um ein Jugendzentrum, um eine Politik der kleinen Schritte. Hier entstehen Bindungen, die ein Leben lang tragen.

Es ist das erste »Küchenkabinett« im politischen Leben von Martin Schulz, ein Freundeskreis mit Schulz als charismatischem Buchhändler im Zentrum. Am liebsten verkauft er die Literatur, die er selbst gerne mag, politische und historische Bücher, Romane von John Steinbeck, John le Carré und Frederick Forsyth, aber bei ihm kriegt man alles. Die Buchhandlung floriert und ist unternehmerisch betrachtet erfolgreich. Reich kann Schulz, das weiß er, als einzelner Buchhändler zwar nicht werden, aber zufrieden. Das ist er. Und dies umso mehr, als sein Tagwerk das Gegenteil ist von entfremdeter Arbeit.

Martin Schulz brennt für seinen Job, das merken die Leute, die zu ihm kommen, und das steckt an. »Martin war ein guter Buchhändler, er konnte Leute oder Kunden gut von Büchern überzeugen und auch Bücher empfehlen aus Genres, die sie vielleicht nicht gelesen haben. Und nachher waren die Leute doch meist sehr zufrieden und froh, dass sie dieses Buch gelesen haben«, erzählt Andreas Dumke, SPD-Chef in Würselen, in einem Radiointerview. »Mir hat er Hans Magnus Enzensberger empfohlen: ›Politik und Verbrechen‹.«

Für Martin Schulz ist gute Politik, wie er sie versteht, kein Verbrechen, sondern ein Versprechen. Und ein Bemühen in der Kunst der kleinen Schritte. Natürlich leidet er als Juso und Sozialdemokrat darunter, dass just im Jahr der Gründung seiner Buchhandlung die sozialliberale Koalition zu Ende geht und er sich mit einem Kanzler Helmut Kohl abfinden muss. Aber Schulz weiß inzwischen, gestählt durch die eigenen Tiefen, dass es auch wieder bessere Zeiten geben wird – auch für seine Partei.

Bis heute liest Schulz, wie es heißt, täglich in mindestens einem Buch. Von keinem anderen Politiker ist das bekannt. Wie er das schafft, ist vielen ein Rätsel. Dennoch lacht da das Herz eines manchen Buchhändlers. Trotzdem zählen nicht alle zu seinen Fans. Holger Schwab etwa, ein Bonner Buchhändler, ist durchaus kritisch. 2015 gewann er mit seinem »Buchladen 46« den deutschen Buchhandelspreis. Martin Schulz hat dort ein halbes Jahr gearbeitet und musste dann gehen, weil er seine Arbeit zu diesem Zeitpunkt wegen seiner Alkoholprobleme nicht ganz auf die Reihe bekam. Dass Buchhändler Kanzler werden könnte, freut ihn. Aber: »Er hat zugelassen, dass Amazon in Deutschland keine Steuern zahlt und in Luxemburg lächerlich wenige. Schulz hat da nicht genug Druck auf seinen Freund Jean-Claude Juncker, den langjährigen Regierungschef von Luxemburg, ausgeübt. Die beiden haben sich nie wehgetan. Dabei verändert Amazon das Leben der Menschen und die Städte, kleine Buchhandlungen können kaum mehr existieren.«

Junger Stadtrat –
Hobbypolitiker und Kümmerer

Eine Kritik, mit der Schwab nicht allein dasteht. Tatsache ist allerdings auch, dass Schulz bis heute Bücher in seiner alten Buchhandlung kauft, die jetzt von seiner früheren Angestellten Martina Schillings betrieben wird. Sie ist Andreas Dumkes Frau. Da schließt sich der Kreis. In Würselen kennt man sich. 1984, mit knapp 30 also und nur zwei Jahre nach Gründung seines Buchladens, zieht Martin Schulz in den Stadtrat ein. Es ist sein erstes politisches Amt. Schnell fällt er auf: durch seine Redekunst, durch Kreativität und Tatkraft. Schulz ist ein Kümmerer. Noch ist er Hobbypolitiker, doch auch als solcher kniet er sich voll rein. Probleme gibt es genug, die Region Aachen ist damals kein Land, wo Milch und Honig fließen, sondern eher ein Notstandsgebiet, bei Weitem nicht so reich wie Düsseldorf, Köln oder Leverkusen. Die Arbeitslosigkeit ist damals deutlich höher als heute, das sich abzeichnende Ende des Bergbaus hinterlässt Spuren. Das, was von ihm übrigbleibt, ist später nur das Jesuskreuz aus einer der stillgelegten Kohlegruben, das im Erdgeschoss des Rathauses an der Wand hängt.

Es sind große Veränderungen, gegen die ein kleiner Lokalpolitiker eigentlich keine Chance hat, aber Schulz zündet lieber eine Kerze in der Dunkelheit an, als über die Dunkelheit zu schimpfen. Er entwickelt im Ausschuss für Volksschulen und Weiterbildung Programme wie »Arbeiten und lernen im Umweltschutz«, mit denen er arbeitslose junge Leute anspricht, gerne auch ohne Schulabschluss. Den können sie im Rahmen dieses Programms nachholen. Verlierertypen sollen so zu Siegertypen werden können. Er weiß, wie schnell sich alles im Leben drehen kann. »Den Abgehängten eine Chance zu geben und sie nicht sich selbst zu überlassen« – kein Zweifel, das ist eines seiner Lebensthemen – vielleicht auch, weil er selbst mal einer war.

Das ist damals so modern wie heute – Hannelore Kraft, Ministerpräsidentin von Nordrhein-Westfalen, nennt ihr Bildungsprogramm, das die hohe Zahl der Schulabbrecher senken soll: »Kein Kind zurücklassen«. Wohlklingende Absichtserklärungen und Politversprechen natürlich, die das Herz berühren sollen. Doch das genügt nicht, gerade in Zeiten des Frusts mit den politischen Eliten. Wie Kraft an den ihren wird sich auch Schulz an den seinen messen lassen müssen.

Die Kohlehalden zu rekultivieren ist eine Herkulesarbeit. Er kümmert sich um die Umschulung von Bergleuten, indem er einen Verein für allgemeine und berufliche Weiterbildung gründet. Es entsteht das Euroregio-Kolleg, wo viele über den zweiten Bildungsweg das Abitur machen. Schulz ist der erste Vorsitzende des Trägervereins; der Verein besteht bis heute und ist ein Segen für die Region.

Martin Schulz merkt, dass er etwas bewirken kann in der Politik, dass auch kleine Fortschritte wichtig sind. Für viele strahlt er eine mitreißende Aufbruchmentalität aus und große Vitalität. Ein Pfund, mit dem er auch heute, als Kandidat, wieder wuchert.

Wahrscheinlich spricht ihn auch deshalb Bernd Thielen, der amtierende Bürgermeister, an, ob er sein Nachfolger werden möchte. Thielen ist amtsmüde, er will in die Aachener Stadtverwaltung. Es sind auch solche Zufälle, die über die Zukunft von Martin Schulz entscheiden. Gelegenheiten ergeben sich, und er nutzt sie. Das Momentum, der kleine Spalt, den sich die Türe öffnet, hier ist er wieder.

Aber kann ein Juso mit 31 Jahren die Autorität ausstrahlen, die normalerweise ein Bürgermeister braucht? Martin Schulz geht das Wagnis ein. Seine Stadtratsfraktion wählt ihn – ohne Gegenkandidaten – am 31. März 1987 ins Amt. Er ist der jüngste Stadtchef in ganz Nordrhein-Westfalen – mit gerade einmal 31 Jahren gilt Schulz als Frischling, allerdings als frühreifer.

Stadtchef mit 31 –
Ausreizen und
Grenzen verschieben:
Aber nicht alles läuft rund

Nun also Bürgermeister – und was jetzt? Wer Martin Schulz'
Antrittsrede heute liest, traut seinen Augen kaum: Schulz, ein
31-jähriger Linker, klingt staatstragend, gar etwas langweilig.
»Ich trete heute mein Amt an im Bewusstsein um die schwere
wirtschaftliche Situation, in der sich unsere Region und damit
auch unsere Stadt befindet.« Und dann folgt das große Versprechen: »Bürgermeister sein heißt gerecht sein zu jedermann,
ohne Ansehen von Person und politischer Überzeugung, Bürgermeister sein heißt auch, für alle Bürger da zu sein, seien sie
Deutscher oder Ausländer, politischer Flüchtling oder alteinge-
sessen, jung oder alt, arm oder reich.«

In Würselen ist das Amt des Bürgermeisters eigentlich vor
allem ein Ehrenamt. Damals jedenfalls führt, der Verfassung in
Nordrhein-Westfalen gemäß, der Stadtdirektor die Geschäfte
des Ortes. Martin Schulz wird also in der allgemeinen Erwar-
tungshaltung an sein Amt eine Art »Grüß-August« sein, ein

netter Frühstücksdirektor – der zum Morgenkaffee allerdings schon in seiner Buchhandlung sein muss, um seinen Lebensunterhalt zu finanzieren, denn die kleine Aufwandsentschädigung der Stadt reicht nicht zum Leben. Begnügt er sich deswegen mit etwas müden Antrittsworten, weil er ahnt, dass er wenig bewirken kann?

Doch nichts ist, wie es scheint. Denn es stellt sich schnell heraus: Der junge Mann ist als Stadtchef wirklich dynamisch, er will mehr. Und am Ende wird er sein Amt, das man ihm auf dem Präsentierteller überreicht, bis zum Letzten ausreizen. Und Grenzen verschieben.

Als Bürgermeister, das weiß Schulz sofort, ist er kein Diktator, er kann nichts im Alleingang entscheiden. Und er versteht: Für alles, was der vorhat, muss er den Rat der Stadt und vor allem den Stadtdirektor einbinden und überzeugen. Das klingt mühsam und ist es auch. Aber Schulz kniet sich rein, er will ein Bürgermeister sein, der gestaltet. Und gesehen werden will er dabei auch.

Und genau das geschieht. Bald schon kommen die Bürger mit allen möglichen Problemen zu ihm, auch in seine Buchhandlung. Von der Müllabfuhr bis zu Familienstreitigkeiten, bei denen das Jugendamt eingreifen muss, von ausreichend Telefonzellen bis zum Erhalt von Postfilialen: Schulz arbeitet sich in die unterschiedlichsten Gebiete ein. Er wird auch manchmal beschimpft, es fallen Wörter wie »Drecksau«. Das ist der Grundkurs Abhärtung, den Schulz in seiner politischen Lehrzeit absolviert.

Er versteht schnell: Als Bürgermeister ist er Generalist. In jedem Fall muss er es werden. Und so erfährt er eine politische Grundausbildung, von der er bis heute zehrt. Als Minister kann man sich die einfachen Leute weitgehend vom Hals halten, vermutet Schulz, als Stadtoberhaupt auf keinen Fall:

»Wenn man elf Jahre Bürgermeister in einem Ort mit 40 000 Einwohnern war, dann weiß man, was beim Arbeitsamt, bei der Polizei, beim Jugend- und Sozialamt, in den Schulen und Altenheimen, bei den Mittelständlern und kleinen Ladenbesitzern, im Sportklub, der lokalen Kulturszene los ist.« Und er ergänzt, dass am Ende jedes Problem in den Rathäusern und Gemeindevertretungen und damit auf der kommunalen Ebene lande.

Kitakrise

Eines der großen Themen, dem sich der junge Vater Martin Schulz, der mit seiner Frau Inge eine Familie gegründet hat, sofort widmet, ist die Familienpolitik. Er will mehr Kindergartenplätze, sie haben für ihn Priorität in der Stadtentwicklung. Wer jungen Familien etwas bieten kann, hat die Zukunft, so sein Credo, das er jedem entgegenruft. Und er versteht, wo die Probleme liegen, denn seine Frau berichtet ihm eindringlich von der Familienfront, von Frauen, die verzweifelt einen Kitaplatz suchen.

In gemeinsamer Trägerschaft mit dem Roten Kreuz lässt er fünf neue Kitas mit mehreren Hundert Plätzen bauen, in denen Kinder ab drei Monaten betreut werden. Das geht damals weit über die gesetzlichen Mindestanforderungen hinaus, die eine Bedarfsdeckung von 75 Prozent ab dem dritten Lebensjahr vorsehen. In der Summe stockt Schulz auf 90 Prozent auf und weiß genau, dass er dabei nicht auf die Zuschüsse des Landes Nordrhein-Westfalen zählen kann. Aber er schafft es trotzdem, die Skeptiker auf seine Seite zu ziehen. »Heute müssen wir Menschen aus verschiedenen Kulturen, Regionen, aus unterschiedlichen Schichten zusammenbringen. Der beste Platz für

Integration ist die Kita, wo allen Menschen der gleiche Respekt entgegenbracht wird, wo sich Eltern über ihre Kinder verstehen«, wie in der *Frankfurter Neuen Presse* zu lesen war.

Wirtschaftskrise

Martin Schulz wird schnell immer populärer. Aber er weiß auch, dass er soziale Wohltaten wie die Kitas am Ende auch erwirtschaften muss. So ist er ständig im Gespräch mit Unternehmern und Firmen, die sich in Würselen ansiedeln sollen. Er braucht sie, denn seine Stadt steht nicht gut da.

Marketing ist nicht alles, aber ohne Marketing ist alles nichts, weiß Schulz. Manchmal ist schon das richtige Etikett wichtig. Das unscheinbare Gewerbegebiet »Am Kaninsberg« benennt er um, es heißt jetzt »Aachener Kreuz«. Klingt gleich viel weltläufiger. Vor allem aber: Würselen ist der Vorort von Aachen, und so versteht es sich, dass Martin Schulz bald auch mit dem Aachener Bürgermeister verhandelt. Sein Ziel: so viele Firmen wie möglich in Würselen, also vor den Toren der zehnmal so großen Stadt ansiedeln.

Dabei handelt es sich um kein utopisches Ziel. Renommierte IT-Unternehmen wie Vobis kommen nach Würselen. Sie sind auch ein Magnet für weitere, später nachziehende Firmen. Die bei der jüngsten Europameisterschaft verwendete Torlinientechnik etwa, die darüber entscheidet, ob ein Ball die Linie überschritten hat, wird in Würselen entwickelt, von der Firma Goal Control. Die Rheinisch-Westfälisch Technische Hochschule in Aachen zieht ebenfalls weitere Firmen an, von denen manche in Würselen Wurzeln schlagen. Den türkischen Textilkonzern Santex zieht es auch dorthin. In fünf Jahren entstehen 4000 neue Arbeitsplätze, bis heute sind es rund 6500. Vor Kurzem noch Problemort, wird Würselen zur kleinen Boom-Stadt.

Schulz setzt sich auch mit dem Aachener Bischof Klaus Hemmerle zusammen, um zu Vorzugspreisen Land der Kirche zu kaufen, das er dann wieder neuen Betrieben zur Verfügung stellen kann. Eine Win-win-Situation für die Stadt, die Wirtschaft und die Bevölkerung. Und für Schulz, dessen Popularität von diesen Erfolgen profitiert.

Flüchtlingskrise

Aber nicht alles läuft glatt. Martin Schulz ist nicht immer der strahlende Bürgermeister, dem alles glückt. So braut sich, wie die Journalistin Margaretha Kopeinig schreibt, ab 1988 etwas zusammen, als immer mehr Schwarzafrikaner in Würselen eintreffen. Offenbar hat sich unter Schleppern und Schleusern herumgesprochen, dass da ein ausländerfreundlicher Mann im Rathaus sitzt, der das großzügige deutsche Asylrecht ernst nimmt.

Und das stimmt ja auch mit der Fremdenfreundlichkeit: Im afrikanischen Burkina Faso schließt Martin Schulz eine Partnerschaft mit der Stadt Reo: »Das Partnerschaftskomitee bestätigt den Erhalt Ihres Schreibens vom 6. Juli 1988, mit welchem Sie den Wunsch äußern, Freunde der Bevölkerung von Burkina Faso zu werden.« Es ist nicht die einzige Partnerstadt des Ortes, auch in China, Italien, Frankreich und Thüringen gibt es eine.

Über den Tellerrand zu schauen und gastfreundlich zu sein hat hier Tradition. So jedenfalls will es auch Schulz. Und wer in unmittelbarer Nähe zweier anderer Länder lebt, Frankreich und die Niederlande, der hat ohnehin einen etwas anderen Blick auf das Fremde.

1988 aber eskaliert die Situation und mit allzu großer Gastfreundschaft ist es vorbei. Mehr als 1000 Afrikaner aus dem Kongo, Burundi und Ruanda kommen plötzlich über das nahe Belgien in Würselen an. Martin Schulz reagiert schnell. Er beschlagnahmt eine Turnhalle, leer stehende Häuser und ehemalige Verwaltungsgebäude von Firmen. Und in der Aula des städtischen Gymnasiums wird Sozialhilfe an Asylbewerber ausgezahlt.

Schulz ist überzeugt, das Richtige zu tun, aber er erlebt auch einige menschliche Enttäuschungen. Viele der Afrikaner werden nicht politisch verfolgt, sind aus materiellen Gründen hier. War das so überraschend? Im Ort sind sie jedenfalls, zurückhaltend formuliert, nicht überall willkommen. Junge, körperlich starke schwarze Männer, die im Pulk auftreten, können Angst machen, auch wenn sie faktisch niemandem ein Haar krümmen. Das ist 1988 genauso wie 2017 – auch wenn es heute vor allem eher arabisch aussehende Männer sind, die verängstigen mögen.

Seine Partei kann die nächste Kommunalwahl nicht gewinnen, wenn er dieses Problem nicht löst, dessen ist er sich absolut bewusst. Und wenn sie sie nicht gewinnen würde, gäbe es auch keinen Bürgermeister Schulz mehr. Die Kirche hat er zwar hinter sich und viele freiwillige Helfer unterstützen ihn. Aber es gibt eben auch Morddrohungen gegen ihn. Auch seine Frau wird angefeindet. Die Stimmung ist vergiftet und heizt sich weiter auf. Rechtsradikale springen auf den Zug auf und hetzen gegen den Ausländerfreund Schulz.

Lange redet der zunehmend verzweifelte Bürgermeister mit dem NRW-Innenminister Herbert Schnoor, der ihm schließlich 800 Flüchtlinge abnimmt. Damit ist die Lage wieder entspannt, Schulz atmet auf und gilt als Problemlöser, der sich durchsetzen kann und über gute Drähte zu wichtigen Entscheidern verfügt. Bei der Wahl kommt seine Partei auf die absolute Mehrheit der Stimmen und Sitze – ein klarer Zuwachs. Schulz bleibt Bürgermeister. Und die rechtsradikalen Republikaner, die so gegen ihn gehetzt haben, bleiben unter der Fünf-Prozent-Hürde, erhalten so nicht einen Stadtratssitz. Schulz atmet durch – er weiß jetzt, wie schnell Anfeindungen entstehen. Aber er weiß auch, dass er ihnen gewachsen sein kann.

Die Thema Flüchtlinge, das Angela Merkel seit dem Herbst 2015 so zusetzt und ihr eine Menge Hasstiraden einbringt, ist also auch Schulz schon früh bestens bekannt – auf der kommunalen Ebene. Kein Zweifel, seine Prinzipien der Weltoffenheit und Menschenwürde, die er immer wieder offensiv formuliert, gibt er damals nicht beim ersten Gegenwind auf. Ein Satz wie »Wir schaffen das« ist allerdings von ihm nicht überliefert. Aber er hat pragmatische Lösungen für »seine« Flüchtlingskrise gefunden, freilich damals eine deutlich überschaubarere Aufgabe, als sie heute für ganz Deutschland und Europa zu bewältigen ist.

Bei näherer Betrachtung gilt jedoch: Den Merkel'schen »Schaffens-Satz« vor zwei Jahren hätte wohl auch Martin Schulz sagen können. Seinen Überzeugungen jedenfalls entspricht er. Doch bei diesem Satz dürfte es ja nicht bleiben. Und mal eben 800 Flüchtlinge auf eine andere politische Verantwortungsebene zu schieben, um sich selbst Entlastung zu verschaffen, wie das Schulz mit Schnoor und dem Land Nordrhein-Westfalen gelungen ist, wäre heute kaum möglich. Auch für Schulz könnte bei einer neuen Flüchtlingswelle die Bewältigung der Integration zu einer Aufgabe werden, an der er sich als Kanzler aufreibt. Oder an der er sich, gerade mit Blick auf die europäischen Nachbarn, die er besonders gut kennt, bewährt.

Spaßbadkrise

Ein anderes Thema, das Schulz ins Kreuzfeuer der Würselener Kritik bringt: Das Freibad und das Hallenbad der Stadt müssten eigentlich saniert werden. Schulz aber tritt für die von seiner Partei favorisierte große Lösung ein: den Bau eines neuen Bades auf der grünen Wiese. Der Streit darüber, was besser und günstiger ist, spaltet den Ort. Eine Bürgerinitiative entsteht, es soll eine Volksabstimmung geben. Damit diese zustande kommen kann, werden 4000 Unterschriften gesammelt. Es ist ein kleiner Aufstand gegen ihn und das teuerste Projekt seiner Amtszeit. Schulz aber lässt die Volksabstimmung wegen eines Formfehlers am Ende nicht zu. Wie die *Wirtschaftswoche* recherchierte, heißt es dazu in den Akten der Stadt: »BM Schulz sagte, dass er ein Gespräch mit den Autoren der Gemeindeordnung geführt habe. Beide Autoren verträten die Meinung, dass bei einem Bürgerbegehren ein Kostendeckungsvorschlag erforderlich sei. Die Maßnahme müsse beschrieben werden und die Folgekosten müssten dargestellt werden. Bei diesem Bürgerbegehren werde die Maßnahme beschrieben, die Folgekosten jedoch nicht. Daher wende er sich gegen dieses Bürgerbegehren.«

Später gesteht Schulz ein, dass die Würselener dies als einen Akt der Willkür gegen ihren Willen interpretiert hätten. Er habe diese Volksabstimmung zulassen müssen. Er habe die Stimmung einfach falsch eingeschätzt.

Es kommt, wie es in solchen kommunalen Großprojekten, mit der sich örtliche Politiker nicht selten ein Denkmal setzen wollen, oft kommt: Der Investor, der das Spaßbad mitfinanzieren sollte, zieht sich zurück. Die trotz aller Schulz'schen Erfolge nicht auf Rosen gebettete Stadt muss nun für 20 Millionen D-Mark bürgen, um das Projekt noch zu retten. Am Ende übernimmt sie das Bad und alle aufgelaufenen Schulden. Auch aktuell macht das Bad noch hohe sechsstellige Verluste – pro Jahr.

Zwiespältige Gefühle begleiten ihn, wenn er heute an dem Bauwerk vorbeifährt. Es ist keine Ruine und wird gut besucht, aber er weiß, dass der erbitterte Streit zu den eher wenig ruhmreichen Kapiteln seiner Bürgermeisterzeit in Würselen gehört. Die *Wirtschaftswoche* schreibt zu seinem damaligen Durchwursteln: »Als er die Stadt 1998 in Richtung Brüssel verließ, hinterließ er der Stadt einen dreistelligen Millionenberg an Schulden, der in den folgenden Jahren weiter steigen und die Stadt am Ende die Hoheit über ihre eigenen Finanzen kosten sollte.« Und sehr prägnant ergänzt sie: »Wichtigster Baustein auf dem Weg dahin: das von Schulz initiierte Spaßbad Aquana.«

Befragt man fast zwei Jahrzehnte danach heute Menschen in Würselen, findet sich allerdings kaum jemand, der Schulz das Desaster um das Spaßbad vorwirft oder gar den Bau des Anstoßes boykottiert. Die Menschen scheinen ihren Frieden damit gemacht zu haben.

Kein Zweifel zudem: Das Bad wirkt modern, man kann hier Kanu fahren und die Eskimorolle lernen, Aquajogging betreiben, in der Sauna werden Aufgüsse von Anis bis Wacholder angeboten, auf einer Slackline kann man über das Wasser balancieren, auch ein Kletterstrand steht bereit. Schulklassen lernen hier schwimmen, eine Fähigkeit, die immer weniger Kinder beherrschen.

Das ist umso wichtiger, als heute jeder zweite Zehnjährige nicht schwimmen kann und viele Kinder deswegen ertrinken. Franziska von Almsick weist darauf hin, das von 400 Menschen in Deutschland, die jährlich ertrinken, die Hälfte Kinder sind. »Schwimmen lernen rettet Leben«, sagt der Schwimmstar.

Dennoch – an den Rutschen des Bades wäre Schulz beinahe ausgerutscht. Und es belastet die Stadt weiter stark. 2015 stellte die für die Jahresabschlussprüfung kommunaler Eigenbetriebe zuständige Gemeindeprüfungsanstalt fest, dass der Badbetrieb den Haushalt der Stadt in hohem Maße strapaziert. Wenn größere Investitionen zu machen wären, solle die Schließung des Bades geprüft werden.

Bürgermeister Arno Nelles ist Martin Schulz nicht gram wegen des Erbes, zumindest nicht öffentlich: »Im Gegensatz zum Berliner Flughafen hat das Bad ja geöffnet. Und es steigert die Attraktivität unserer Stadt.« Man kann natürlich sagen: Ein Parteifreund will hier dem anderen nichts Böses. Aber Nelles glaubt – vielleicht, weil er als Politiker nichts anderes sagen kann –, dass das Spaßbad die ärgsten Probleme hinter sich hat und die Kosten nun unter Kontrolle sind.

Alternativen hätte es indes durchaus gegeben. Die radikalste wäre ein bäderfreies Würselen gewesen. Im nahen Aachen gibt es schließlich auch Bademöglichkeiten. Was wäre gewesen, wenn Würselen Freibad und Hallenbad nicht saniert hätte – und zugleich das Aquana nicht gebaut? Haben Kommunen ein Recht auf große Bäder – die sie am Ende nicht bezahlen können? Lieber jetzt Spaß für die Bürger und nachher die Sintflut? Und die Aufräumkosten übernehmen dann andere – andere Orte, andere Politiker, andere Generationen? So gesehen ist die Frage berechtigt, ob – Freude am Planschen und Rutschen hin oder her – Schulz als Mit-Verantwortlicher damals wirklich verantwortungsbewusst gehandelt hat.

Zu eng, nach Europa –
Flucht oder Neuanfang?

1993 sucht die SPD in der Region Mittelrhein einen Kandidaten für die im Jahr darauf stattfindende Wahl zum Europaparlament. Martin Schulz hat großes Interesse, der Abgeordnete für rund drei Millionen Menschen in der Region um Köln, Leverkusen, Bonn und Aachen zu werden. Würselen ist für einen politischen Dynamiker wie ihn zu eng geworden. Er will nach Brüssel und Straßburg, wo das EU-Parlament abwechselnd tagt.

Nur einer steht ihm im Weg: Dieter Schinzel, der bisherige Europaabgeordnete seiner Partei, ein Platzhirsch in Aachen, Präsident der Deutsch-Arabischen Gesellschaft, fünf Jahre auch Bundestagsabgeordneter, ein Strippenzieher mit viel Erfahrung.

Wieder zur richtigen Zeit am richtigen Ort

Der Außenseiter Schulz lässt es auf eine Kampfkandidatur gegen den Parteirivalen ankommen. Und wieder findet er den passenden Moment. Schinzel gilt zu jener Zeit als Skandalpolitiker, weil er sich bei Immobilienanlagen und Glücksspielen verspekuliert hat. Die SPD fordert ihn auf, seine Angelegenheiten zu ordnen. Und sie weiß warum: Ein Mann, der privat sein Leben nicht im Griff hat, verliert Vertrauen bei den Wählern, er wird auch erpressbar und anfällig für aus Verzweiflung begangene Dummheiten. So scheint es auch bei Schinzel zu sein. In jedem Fall werden er und ein Geschäftspartner am 27. Mai 1994 mit fünf Millionen Schweizer Franken verhaftet, Geld, bei dem es offenbar um Devisengeschäfte geht. Zwar wird das Verfahren gegen ihn später eingestellt. Politisch aber ist er da schon am Ende, privat auch, seine Karriere ist endgültig vorbei.

Martin Schulz ist der Nutznießer. Er wird Kandidat seiner Partei. Schaden tut ihm der parteiinterne Konflikt mit Schinzel nicht, im Gegenteil. Bei der Europawahl 1994 schneidet er hervorragend ab: In seinem Wahlkreis erreicht er zehn Prozent mehr als die SPD im Landesdurchschnitt: 42 gegenüber 32 Prozent. Ein Traumergebnis für den Neuling. Mit 39 Jahren zieht er in das Europaparlament ein. Mitglied dieses hohen Hauses zu sein empfindet er als Traumjob.

Kein Wunder, wer im Dreiländereck Deutschland-Belgien-Niederlande geboren wird und lebt, saugt quasi mit der Muttermilch ein, dass Europa etwas Bereicherndes sein kann. In die Niederlande sind es nur fünf Minuten über die Autobahn, nach Belgien 20.

Schulz hat im Übrigen Vorfahren, die aus diesen Ländern stammen: aus dem belgischen Eupen, dem niederländischen Kerkrade. Im Ersten Weltkrieg kämpften sein Großvater und dessen Cousins noch gegeneinander: der Großvater in der deutschen, die Cousins in der belgischen und niederländischen Armee. Wegen der Grenznähe wächst Schulz auch damit auf, dass er immer auch belgisches und niederländisches Geld bei sich haben muss, wenn er Verwandte und Freunde besucht. Die Einführung des Euro hat er schon aus diesem Grund begrüßt.

Auch Frankreich ist von Würselen aus nicht weit. Und auch von dort, aus Lothringen, kommen Schulz'sche Vorfahren. Bei seinen vielen Besuchen in Frankreich lernt er die Sprache und spricht sie heute fließend. Der Austausch mit einer Schule in Bordeaux ist, wie er bekennt, eine frühe und eine der prägendsten Erfahrungen für ihn. Und dass Würselen mit Morlaix eine französische Partnerstadt hat und diese Freundschaft intensiv gepflegt wird, hat Martin Schulz in seiner Zeit als Bürgermeister ebenfalls gefördert. Bis heute halten sich Geschichten, dass er auf Busreisen mit der Würselener Abordnung nach Frankreich der große Entertainer ist, der den ganzen Bus unterhält. Wenn man so will, sind das frühe außenpolitische Erfahrungen. Mit der damaligen Bürgermeisterin von Morlaix, Marylise Lebranchu, die unter dem französischen Staatspräsidenten François Hollande später Ministerin wird, ist er bis heute eng befreundet.

Mit seinem Einzug in das EU-Parlament verliert Martin Schulz nicht automatisch seinen ehrenamtlichen Bürgermeisterposten. Er behält ihn noch für vier weitere Jahre, führt Würselen also neben seiner Tätigkeit als Europaabgeordneter. Zuerst will er diese Doppelfunktion nicht, lässt sich aber breitschlagen. Später spricht er davon, welch großer Fehler es gewesen sei. Diese zwei Jobs nebeneinander gut machen zu können, sei unmöglich.

Schnelles Lernen, schnelle Profilierung

Den Wechsel auf die europäische Bühne hat er nie bereut. Schnell spürt er, dass er im EU-Parlament mehr als nur mithalten kann, ja aufgrund seines Redetalents und Durchsetzungsvermögens vielen überlegen ist.

In jener Zeit, als Schulz nach Brüssel und Straßburg geht, ist es in Deutschland parteiübergreifend noch üblich, vor allem jene Kandidaten auf die europäische Ebene zu entsenden, die den Sprung in die erste Reihe nicht geschafft haben. Oder aber jene Erfahrenen, deren politischer Wirkungshöhepunkt bereits deutlich überschritten ist. Martin Schulz passt auch diesmal nicht in das übliche Raster. Mit knapp 40 ist er im besten Politikeralter und auf dem Sprung nach oben: Jung genug, um die Welt verändern zu wollen und dabei einen langen Atem zu haben; und alt genug, um die größten Dummheiten auf dem Weg nach oben zu vermeiden.

Schon bald zeigt sich: Zum Hinterbänkler taugt er nicht. Innerhalb kürzester Zeit wird er das schlitzohrige Europa-Gesicht der SPD. Einer, dem alles zuzutrauen ist, einer, der für sein Thema brennt: das Friedensprojekt Europa, auf dem Wohlstand und gutnachbarliches Zusammenleben des Alten Kontinents beruhen.

Schnell schätzt man ihn, und schnell wird er auch zum Koordinator der Sozialdemokraten in den Unterausschuss für Menschenrechte gewählt. Nur kurz darauf, 1996, steigt er zum Koordinator der SPD im Innenausschuss auf. Und es zeigt sich: Schulz hat auch auf europäischer Bühne keine Angst vor Konflikten. So stimmt er gegen das Zollunionsabkommen mit der Türkei. Und zwar nicht aus Skepsis gegenüber der Türkei, sondern weil er das Abkommen nur für sinnvoll hält, wenn danach die Vollmitgliedschaft kommt.

Bis heute wird Schulz das vorgeworfen und ebenfalls eine übertriebene Türkeifreundlichkeit. Der CSU-Europachef Manfred Weber spitzt das beim politischen Aschermittwoch 2017 zu: »Wer Schulz wählt, holt die Türkei in die Europäische Union – und das ist falsch.«

Falsch ist allerdings auch, dass Schulz die Türkei unter dem Autokraten Erdoğan für EU-geeignet hält. Im Gegenteil, er kritisiert den türkischen Präsidenten immer wieder scharf, etwa bei den Verhaftungswellen gegen Journalisten und Intellektuelle oder im Zusammenhang mit Jan Böhmermanns Schmähgedicht gegen Erdoğan.

Zurück ins Jahr 1996. Der Ärger von Parteifreunden, die mehrheitlich für das Zollunionsabkommen sind, lässt nicht auf sich warten. Aber auch die türkische Regierung unter Tansu Çiller wütet und droht damit, dass eine Ablehnung des Vertrags islamischen Politikern in die Karten spiele. Diese Drohung wirkt. Das Zollunionsabkommen kommt. Als Tansu Çiller danach dennoch kein Problem hat, mit den Islamisten zu koalieren, ist Schulz enttäuscht. Aber er lernt auch schnell, wie auf internationaler Ebene gedealt und mit falschen Karten gespielt wird. Und dass manche Politiker links blinken, dann aber rechts abbiegen, sobald sie ihr Ziel erreicht haben.

In jedem politischen Leben gibt es Schlüsselmomente, in denen es um hopp oder topp geht. Da entscheidet sich, ob jemand das Format für die erste Reihe hat oder untergeht, ob jemand satisfaktionsfähig ist oder sich lieber wegduckt. Auch Martin Schulz erfährt einige solcher Momente in seinem politischen Leben. Meist findet er sich danach auf einer höheren Ebene wieder. Der Gang nach Berlin und die Annahme der Kandidatur um die Kanzlerschaft ist so ein Moment.

Das Duell mit dem reichen Italiener

Auf europäischer Ebene gibt es diesen Moment für Schulz auch. Im für viele heute legendären Duell mit Silvio Berlusconi, dem italienischen Ministerpräsidenten.

Damals wie heute gilt: Unterschiedlicher können zwei Politiker kaum sein. Auf der einen Seite Martin Schulz, der bodenständige Sozialdemokrat, der sich aus kleinen Verhältnissen hochgearbeitet hat und zu einem ordentlichen, wenn auch noch mäßig bekannten Politiker geworden ist. Ein ehemaliger Buchhändler, der – aus Sicht Berlusconis jedenfalls – nur Peanuts verdient hat, sozusagen ein armer Schlucker.

Auf anderen Seite Silvio Berlusconi, der damals wohl reichste Mann Italiens, der mit seinen Fernsehstationen und Zeitungen an die Macht gekommen ist und die mit seiner medialen Macht absichert. Heute mag Berlusconi für viele Beobachter keine wirklich bedeutende Rolle mehr spielen, aber in den 1990er- und 2000er-Jahren ist das anders. Und es ist wohl nicht übertrieben zu sagen, dass Silvio Berlusconi in Haltung und Habitus eine Art früher Vorläufer von Donald Trump darstellt: immer im Größenwahnmodus, narzisstisch, hemmungslos im Geschäftsleben und im politischen Leben, hemmungslos auch in seinem Sexismus und bei seinen jahrelang durch die Medien gehenden Bunga-Bunga-Partys, bei denen minderjährige Prostituierte dabei gewesen sein sollen. Während seines Aufstiegs zum Milliardär und zum Spitzenpolitiker steht er zudem stets im Verdacht, in Korruption verwickelt zu sein.

Für Schulz ist das großspurige Auftreten des Medien-Ministerpräsidenten schon immer eine Provokation gewesen. Bereits als Berlusconi für seine von ihm gegründete Partei Forza Italia knapp zwei Jahre im Europaparlament sitzt, können sich die beiden nicht wirklich ausstehen. Und Schulz findet: Auf diese Weise kann das nicht mehr weitergehen mit Berlusconi. Und so provoziert er den Forza-Italia-Chef – der immer wieder wegen undurchsichtiger geschäftlicher Praktiken angeklagt wird –, indem er ihn gezielt nach der Beschleunigung europäischer Haftbefehle und zu einem europäischen Steuerrecht befragt.

Schulz freut sich, dass Berlusconi auf diese an sich legitimen Fragen »wie eine Rakete abgeht«, wie er selbst formuliert. Wenn du dich mit einem Großen anlegst, wirst du selbst größer – diese Lektion verinnerlicht er schnell.

Zugleich ärgert sich Schulz, dass der Antrag eines spanischen Richters auf die Aufhebung von Berlusconis Immunität wegen des Verdachts korrupter Machenschaften und Steuerhinterziehung bei einer TV-Beteiligung in Spanien nicht durchkommt. Eine Anklage vor einem spanischen Gericht hätte Berlusconi damals vielleicht nicht den Wahlsieg in Italien gekostet, aber sie hätte ihn genervt und Zeit gekostet. Doch es wird keine Anklage erhoben, weil die konservative französische Parlamentspräsidentin Nicole Fontaine, wie Berlusconi in der christdemokratischen Fraktionsfamilie der Europäischen Volkspartei (EVP), das Verfahren zur Aufhebung der Immunität des skandalumwitterten Parteifreunds wegen eines Formfehlers nicht vorantreibt.

Es kommt also nicht zur Anklage, wie sie sich Schulz wünscht, aber er kann immerhin verhindern, dass Berlusconis Freund Marcello Dell'Utri zum Vizevorsitzenden des Innenausschusses gewählt wird. Er steht im Verdacht, Mitglied einer Mafiaorganisation zu sein. Schulz gibt seine Hinweise auf Bilanzfälschungen und Mafiakontakte gezielt an die konservativen Kollegen weiter – und Dell'Utri ist gestoppt.

Ein kleiner politischer Erfolg für den Strippenzieher Schulz. Und, wie Jahre später klar wird: ein sehr großer für Europa und Italien, denn mittlerweile ist Marcello Dell'Utri ein in seinem Heimatland verurteilter Mafioso. Ihn zum Vorsitzender des Innenausschusses des EU-Parlaments zu wählen, hätte geheißen, den Bock zum Gärtner zu machen.

Der Showdown

Zum großen Showdown kommt es dann aber erst am 4. Juli 2003. Italien übernimmt die EU-Ratspräsidentschaft für ein halbes Jahr, eigentlich ein ganz normaler Vorgang, bei dem sich der italienische Regierungschef noch einmal mit seinen Ideen vorstellen will. »Demütig und dienend« werde er für Europa tätig sein, versprich er ganz entgegen seinem sonstigen Auftreten.

Es folgt eine Aussprache, bei der sich auch Martin Schulz meldet. Sein Redebeitrag ist heftig und im Kern eine Abrechnung mit Haltung und Inhalten der Politik Berlusconis. Im Ton eines anklagenden Staatsanwalts zweifelt er Berlusconis Eignung als Europapolitiker an: »Ich will ein Wort aufgreifen, das der Kollege Di Pietro hier erwähnt hat. Der Virus des Interessenkonflikts, hat er gesagt, dürfe nicht auf die europäische Ebene gehoben werden. Ja, da hat er recht, und jetzt ist man in diesem Haus in der schwierigen Situation, wenn man über die italienische Ratspräsidentschaft redet, dann heißt es immer: Ja, nun seid vorsichtig, dass ihr den Berlusconi nicht kritisiert wegen dem, was er in Italien tut, denn das hat ja im Europäischen Parlament nichts verloren. Wieso? Ist Italien nicht Mitglied der Europäischen Union?«

Dann wirft Schulz Berlusconi vor, er dulde Rassismus, weil er seinen ausländerfeindlichen Minister Umberto Bossi vom Koalitionspartner Lega Nord gewähren lasse. Schulz hat mit dem Rechtsaußen Bossi ein perfektes Feindbild gefunden, weil der mit Kanonen auf die schon seinerzeit immer häufiger im Mittelmeer gesichteten Flüchtlingsboote schießen lassen wollte. Indem er aber auf Bossi zielt, meint er auch und vor allem Berlusconi. »Die kleinste Äußerung, die dieser Mann macht, ist schlimmer als alles, worüber dieses Parlament gegen Österreich und die Mitgliedschaft der FPÖ in der österreichischen Regierung Beschlüsse gefasst hat. Sie sind nicht verantwortlich, Herr Ratspräsident, für den Intelligenzquotienten ihrer Minister, aber verantwortlich für das, was sie sagen, schon. Die Äußerungen von Bossi, ihrem Minister für die Einwanderungspolitik, die Sie in Ihrer Rede erwähnt haben, sind in keinster Weise vereinbar mit der Grundrechte-Charta der Europäischen Union. Sie sind als Ratspräsident aufgefordert, diese Werte zu verteidigen. Dann verteidigen Sie diese Werte gegen den eigenen Minister.«

Bei diesen für das EU-Parlament undiplomatischen Worten belässt es Schulz nicht. Er legt nach, wenn auch auf eine sehr sarkastische Weise: »Ich freue mich, dass Sie heute hier sitzen und ich mit Ihnen diskutieren kann. Das verdanken wir nicht zuletzt Nicole Fontaine, denn wenn Nicole Fontaine es nicht so gut geschafft hätte, die Immunitätsverfahren Berlusconi und Dell'Utri, Ihres Assistenten, so lange zu verzögern, dann hätten Sie die Immunität, die Sie brauchen, nicht mehr besessen. Auch das ist eine Wahrheit, die an diesem Tag gesagt werden darf.«

So hart ist der seit Langem umstrittene Silvio Berlusconi im EU-Parlament noch nicht angegangen worden. Es kommt zum Schlagabtausch, der Premier kontert: »Zum Interessenskonflikt, auf den sich viele bezogen haben: Vielleicht wissen Sie nicht, dass die Zeitungen in Italien, aber vor allem die Fernsehsender im Besitz meiner Gruppe und meiner Familie, zu unseren entschiedensten Kritikern gehören. Sie sollten wissen, dass jeder Journalist sich die größten Sorgen macht, auch ja unabhängig zu erscheinen gegenüber seinen Kollegen. Und diese Unabhängigkeit bringt ihn dazu, jeden Tag kritisch gegenüber dem zu sein, den er für den Padrone hält. Wenn das die Form der Demokratie ist, die Sie benutzen wollen, um den Europäischen Ratspräsidenten zum Schweigen zu bringen, dann kann ich Ihnen nur sagen, Sie sollten als Touristen nach Italien kommen, denn hier scheinen Sie Touristen der Demokratie zu sein.«

Damit zielt Berlusconi nicht nur auf Schulz, sondern auf das gesamte Parlament. »Touristen der Demokratie«: Im Saal beginnt es zu murren. Aber laut wird es erst, als Berlusconi Schulz persönlich angeht: »Herr Schulz, ich weiß, dass in Italien ein Filmproduzent gerade einen Film schneidet über die Konzentrationslager der Nazis: Ich werde Sie für die Rolle des Kapo vorschlagen. Sie sind perfekt!«

Martin Schulz ist sichtlich getroffen. Ein Kapo, das weiß er natürlich, war ein besonders privilegierter KZ-Häftling, der die Arbeitskommandos von Häftlingen führte und schikanierte: Je grausamer die Kapos auftraten, umso besseres Essen bekamen sie. Doch Schulz, der sich als »glühenden Antinazi« empfindet, sammelt sich und pariert scharf: »Ich sage Ihnen nur eines dazu: Mein Respekt vor den Opfern des Faschismus verbietet mir, darauf auch nur mit einem Wort einzugehen. Aber mir ist klargeworden, dass es schwierig ist, zu akzeptieren, dass ein amtierender Ratspräsident, wenn er mit der geringsten widersprüchlichen Debatte konfrontiert wird, seine Contenance in dieser Form verliert.« Der irische Parlamentspräsident Pat Cox sieht das ähnlich, formuliert es aber volkstümlicher: »Silvio, what the fuck have you done?«

Schulz bekommt die stehenden Ovationen seiner Parlamentskollegen, aber es gibt auch Tumulte, die das sonst kultivierte Europaparlament noch nicht gesehen hat.

Berlusconi versucht dennoch, noch einmal den Spieß umzudrehen, und stellt sich als Opfer dar: »Wer ist hier nicht gewesen, um die Rede von Herrn Schulz zu hören? Die mich persönlich schwer verletzt hat, in diesem gestikulierenden Stil und mit einem Ton in der Stimme, der nicht zulässig ist in einem Parlament wie diesem. Ich habe das, was ich gesagt habe, mit Ironie gesagt. Wenn ihr nicht in der Lage seid, Ironie zu verstehen, tut's mir leid. Aber ich ziehe das, was ich ironisch gesagt habe, nicht zurück, wenn Herr Schulz seine persönlichen Beleidigungen gegen mich auch nicht zurücknimmt. Ich hab's mit Ironie gesagt, er tat es mit Gemeinheit!« Später fügte er noch hinzu: »Ich habe Schulz doch nur eine Filmrolle angeboten, das war doch nicht persönlich gemeint.«

Das ist eine Lüge, jedem ist das klar. Aus dem Rededuell wird am Ende ein Skandal, gar eine Staatsaffäre. Die Regierungen in Rom und Berlin bestellen die Botschafter des jeweils anderen Landes ein. Und Kanzler Gerhard Schröder verteidigt seinen Parteifreund im Bundestag: »Der italienische Ministerpräsident hat es für richtig gehalten, gegenüber einem deutschen Abgeordneten des Europaparlaments einen Nazivergleich aufzustellen. Ich stelle hier fest: Dieser Vergleich ist in Inhalt und Form eine Entgleisung und völlig unakzeptabel. Ich habe die Erwartung, dass der italienische Ministerpräsident sich in aller Form für diesen Vergleich entschuldigt.«

Berlusconi entschuldigt sich nicht, auch nicht in einem eiligen Telefonat mit Schröder. Seine Pressestelle lässt eine Erklärung verbreiten, die ebenso hilflos wie zynisch kling: »Der italienische Ministerpräsident wiederholte sein Bedauern für die Tatsache, dass jemand den Inhalt eines Scherzes missverstanden haben könnte, der nur ironisch gemeint war.«

Gerhard Schröder, der an guten Beziehungen zu Italien von Amts wegen interessiert sein musste, stellt das Telefonat anders dar: »Er hat mir gegenüber sein Bedauern über die Wahl dieses Begriffs und Vergleichs ausgedrückt. Ich habe ihm erklärt, dass für mich jedenfalls die Sache damit erledigt sei und das Weitere im Europäischen Parlament geklärt werden müsse. Ich glaube, dass für die Bundesregierung die Sache aus der Welt ist.« Den geplanten Badeurlaub an der Adria lässt er trotzdem platzen.

Schulz selbst agiert als gewiefter Taktiker. Er fordert keine persönliche Entschuldigung, sondern versucht die Beleidigung seiner Person zur Sache aller anständigen Abgeordneten zu machen: »Wenn Berlusconi sich beim Parlament entschuldigt, reicht mir das. Wenn Berlusconi sagen würde, Leute, das tut mir leid, das wiederholt sich nicht, ist die Sache erledigt. Man muss ihm klarmachen, das ist keine Boxveranstaltung. Hier ist eine Institution beleidigt worden.«

Am Ende bleibt, um es in der Sportsprache zu sagen, ein klarer Punktsieg für Martin Schulz. Ein Sieg von David gegen Goliath. Die Presse lobt ihn für seinen couragierten Angriff. Und Berlusconi, den einige wegen seines Lifestyles vorher noch für einen amüsanten Politclown gehalten haben, wird endgültig zum Buhmann. »Spaghetti Berlusconi wird es auf keiner Speisekarte geben, Spaghetti Berlusconi schmecken einfach nicht«, schreibt die *Bild*-Zeitung.

Und auch in Italien sind die Reaktionen eindeutig. Berlusconi wird dort für seinen Ausfall kritisiert, viele Italiener schämen sich für ihn und schreiben das auch dem deutschen Botschafter in Rom. Der *Corriere della Sera* findet sogar, Berlusconi habe in Straßburg politischen Selbstmord begangen. Berlusconis dreister Verteidigung, man würde in Italien nun einmal »gerne über Holocaust-Geschichtchen lachen«, wird heftig widersprochen. Die jüdische Gemeinde Roms rügt: »Nur ›wenige Blödmänner‹ machen solche Scherze, normale Italiener nicht.« Zwei Drittel der Italiener meinen, Berlusconi habe das Bild Italiens beschädigt.

Und Martin Schulz? Plötzlich fragt niemand mehr, wer er ist. Der tapfere »kleine« Abgeordnete, der dem großen Silvio

Berlusconi die Leviten las, ist nun auf vielen Titelseiten. Er ist der Mann, der für das gute Deutschland steht und Berlusconi entzaubert hat. Plötzlich kennt man sein Gesicht. Es ist schwer für einen Europaabgeordneten, sich im Heimatland zu profilieren, denn er muss sich in der Regel in einer politischen Arena fernab von zu Hause zeigen. Martin Schulz schafft diese Profilierung.

Und das ist kein Zufall. Seine kantige Rede ist wohlkalkuliert. »Durch anständige Arbeit wird man in der Politik nicht bekannt, da muss man schon so einen Knaller haben«, gesteht er später freimütig der *Süddeutschen Zeitung*.

Er sagt freilich auch, er hätte sich eine andere Profilierung gewünscht. Aber das Prinzip »Viel Feind, viel Ehr« ist noch immer das, was einen Politiker aus der Masse der vielen Politfunktionäre hervorhebt. Bedauerlich findet Schulz am Ende vor allem eines: »Dass jetzt alle über den Kapo-Vergleich reden, aber keiner mehr über die juristischen Vorwürfe gegen Berlusconi.«

Weg mit Berlusconi

Auch nach dem Skandal in Straßburg tut Martin Schulz alles, um Silvio Berlusconi zu schaden. Er will, wie er offen einräumt, seinen Beitrag dazu leisten, dass Berlusconi »zur Freude Europas« gehen muss. Vor allem dessen Wahlabsprachen mit rechtsextremen Parteien findet er empörend, dass es in Italien eine Regierung geben dürfe, die auf Neonazis und Faschisten baut.

In Teilen Italiens wird Schulz wie ein Held gefeiert, in anderen nicht. »Für die Linke bin ich ein Markenartikel, für die Rechte eine totale Provokation«, meint Schulz dann auch über sich selbst und genießt die Polarisierung sichtlich. Natürlich mischt sich der Mann, der nahezu perfekt italienisch spricht, in den Wahlkampf des Stiefellandes ein. 2006 bringt er in Padua sogar eine Zeitung aus dem Jahr 1994 mit, die mit der Schlagzeile »Addio Cavaliere« getitelt hatte. Damals war Berlusconi als Premier gestürzt worden. »Heute hoffe ich für mich und für euch, dass nach der Parlamentswahl Anfang April alle Zeitungen mit der Schlagzeile aufmachen werden: Addio Cavaliere.« So etwas kommt an. Nicht zum ersten Mal wird deutlich: Schulz weiß, wie er seine Zuhörer mit kleinen Überraschungen erreichen kann.

Silvio Berlusconi verliert tatsächlich die Wahl, amtiert aber von 2008 bis 2011 noch einmal als Italiens Regierungschef. Heute ist der Populist eine traurige Figur. 2013 wird er wegen Steuerbetrugs über Scheinfirmen in der Karibik rechtskräftig zu vier Jahren Haft verurteilt, drei davon werden ihm erlassen. Ein zweijähriges Verbot der Bekleidung öffentlicher Ämter kommt dazu. Der Ausschluss aus dem Senat wird im November 2013 Realität. Auch der Pass wird ihm entzogen. Und seine Bewegungsfreiheit wird eingeschränkt. Nur aufgrund seines Alters, Berlusconi ist 80 Jahre alt, bleibt ihm der Gang ins Gefängnis letztlich erspart. Als Alternative zum Hausarrest soll Berlusconi ein Jahr gemeinnützige Arbeit leisten, was er ablehnt. Am Ende hat er sich dann doch in einer Senioreneinrichtung um Demenz- und Alzheimerpatienten zu kümmern. Selbst seinen geliebten Fußballclub AC Mailand muss er verkaufen – an die Chinesen. Und seine Frau lässt sich von ihm scheiden, was ihn einiges kostet. Die Macht weg, viel Geld weg, Ehre weg – ein später Triumph auch für Martin Schulz?

Er widersteht der Versuchung, den Abstieg des einst mächtigsten Mannes Italiens, seines Widersachers, zu kommentieren.

Angeblich, so überliefert es der *Spiegel,* wollte sich Berlusconi mit Schulz versöhnen. Der SPD-Mann aber lehnt ab: »Da bin ich stur geblieben.« Kleine mafiaähnliche Drohungen hat er auch weggesteckt. »Sie fahren Aufzug? Das ist gut. Denn auf der Treppe stürzt man so leicht«, raunt Berlusconis Vertrauter Marcello Dell'Utri ihm zu, als sie beide im selben Fahrstuhl fahren. Martin Schulz lacht. Er weiß um die Mafiaverdächtigungen um Dell'Utri. Aber so einfach ist er nicht zu erschrecken.

»Hier sitze ich eines Tages« – Üben an der Spitze

Die Geschichte gilt als gesichert: Als Martin Schulz 1994 als junger EU-Abgeordneter zum ersten Mal das leere Europäische Parlament inspiziert, setzt er sich wie selbstverständlich auf den Präsidentenstuhl. »Hier sitze ich eines Tages«, sagte er im Brustton der Überzeugung. Kein Zweifel: Eine kraftmeierische Geste mit einer Prise Humor. Aber auch eine Selbstermächtigung, eine Selbstermutigung, die an Gerhard Schröder erinnert, der als junger SPD-Politiker am Zaun des Kanzleramtes gerüttelt haben soll.

Schulz – ein neuer Schröder, selbstbewusst und machtbewusst? Schon damals, ohne dass es jemand wirklich mitbekam? So sieht es aus.

Knapp 18 Jahre muss Schulz warten, bis es am 17. Januar 2012 so weit ist. Im ersten Wahlgang wird er mit 387 von 670 Stimmen zum Parlamentspräsidenten gewählt, 51 Stimmen über der absoluten Mehrheit. Jetzt ist er der oberste Vertreter von 754 Abgeordneten aus 27 Ländern, die die höchst unterschiedlichen Interessen von 500 Millionen EU-Bürgern durchsetzen sollen.

Der Saaldiener in Frack und mit Goldkette wird die nächsten fünf Jahre »Der Präsident« rufen, wenn er im Parlamentssaal erscheint. Und mit der Präsidentenglocke überwacht er die Redezeit oder erinnert daran, dass sie zu Ende geht. Sein Büro hat Schulz fortan im zwölften Stock, direkt unter der Glaskuppel. Und in seinem Kabinett, nicht zu verwechseln mit dem Kabinett der Kanzlerin, das aus Ministern besteht, hat er mehr als 40 enge Mitarbeiter um sich versammelt, vom Redenschreiber bis zum Kammerdiener, inklusive zweier Chauffeure.

Eine neue Ära

Schnell bricht eine neue Ära an im Europaparlament. Sein Vorgänger, der Pole Jerzy Buzek, war nicht weiter aufgefallen. Ebenso wie Klaus Hänsch; der deutsche Sozialdemokrat amtierte von 1994 bis 1997. Und ebenso wie Hans-Gert Pöttering; der CDU-Mann bekleidete von 2007 bis 2009 ebenfalls das Präsidentenamt. Keiner von ihnen verstand sich als Antreiber und politischer Impulsgeber.

Schulz hingegen will etwas anderes. Und das kündigt er auch an: »Ich werde ein unbequemer Präsident sein. Ich werde ein Präsident sein, der den Respekt der Exekutive vor dem Parlament wenn nötig erstreitet, der sich anlegt, wenn die Interessen der Bürger gefährdet werden. Ich werde ein Präsident sein, der starke Abgeordnete vertritt, die sich für die Anliegen ihrer Bürger einsetzen. Ein Präsident, der alles geben wird, das verloren gegangene Vertrauen der Menschen in den europäischen Einigungsprozess zurückzugewinnen und wieder Begeisterung für Europa zu wecken.«

»Begeisterung« – dieses pathetische Wort hat schon lange kein EU-Politiker mehr in den Mund genommen. Und das ist auch kein Zufall, denn es liegt eine Phase der »Entgeisterung« über dem Betrieb in Brüssel und Straßburg. Schluss damit, so Schulz. Er sieht sich nun als Mr. Europa, und er will alle mitnehmen, es soll mehr Transparenz geben, in »seinem« Europa soll nicht die Macht des Stärkeren entscheiden.«

Schulz will auch große Debatten führen und zulassen: »Demokratie braucht Streit. Nicht um seiner selbst willen, sondern um zum bestmöglichen Ergebnis zu kommen. Denn Streit zeigt Alternativen. Ja, ich versuche in meiner Amtszeit das Europäische Parlament stärker zu einem Ort des Streites zu machen – ich tue dies bewusst, damit die Institution als Ganzes und die Europäische Demokratie dadurch gewinnen, sagte er 2012 in einer Rede an der Humboldt Universität in Berlin.

Einen neuen europäischen Geist wecken, danach strebt er. Weiß aber auch, dass die Skeptiker stark sind, manchmal in der Überzahl. Gern zitiert er Jacques Delors, zehn Jahre lang Präsident der Europäischen Kommission: »Man liebt keinen Binnenmarkt.« Und den Filmemacher Wim Wenders, der trocken bemerkte: »Aus der europäischen Idee wurde die Verwaltung und jetzt betrachten die Menschen die Verwaltung als Idee.«

Führungswille, Größenwahn, Kulturwandel

Aber das soll sich ändern. Schulz ist zugleich auch Chef einer riesigen Verwaltung. Ein Bürokrat allerdings ist er ganz und gar nicht, eher ein hemdsärmeliger Gestalter, der die Schwächen der europäischen Idee genau analysiert. Für die Älteren sei die Erfahrung der europäischen Kriege Motivation und Anlass gewesen, dieses gemeinsame Europa aufzubauen.

Die jungen Leute verlangten aber zu Recht eine neue, in die Zukunft gerichtete Begründung, so Schulz.

Für ihn heißt das, daran lässt er keinen Zweifel, gute Jobs, soziale Sicherheit, geistige Freiheit, Weltoffenheit. Die Realität sieht anders aus. Vor allem bei dem Job und mit Blick auf die soziale Sicherheit. Die Jugendarbeitslosigkeit in den südlichen Ländern ist für ihn nicht hinnehmbar und gefährlich für den Frieden in Europa. Schulz bedrückt das, und er sieht die Bremser von Veränderungen. Wenn er zornig wird, formuliert er im internen Kreis dazu ungeschminkt, spricht schon mal von »Pfeifenheinis«, »Rindviechern«, »Armleuchtern«, »dummen Gänsen« oder »Eierköppen«. Politisch korrekt ist das nicht, der Rheinländer mag es eben gerne deftig. Aber die innere Wahrheit ist natürlich: Er denkt, er könne es besser. Er glaubt, er sei mit seinen Ideen und seiner rasenden Energie den Bedenkenträgern voraus. Er ist überzeugt, er müsse nun der Lokomotivführer des europäischen Zugs sein.

Ist das Führungswille? Ja. Ist das auch Ungeduld und ein wenig Größenwahn? Wohl ebenfalls. Vielleicht geht es an der Spitze ohne ein wenig Wahn auch nicht. Zu meinen, man sei der Beste für die Führung eines 80-Millionen-Landes, setzt sehr großes Selbstbewusstsein voraus. Schulz hat das offenbar. Aber Merkel hat es auch.

Wie schon in Würselen, als Schulz als Bürgermeister eigentlich sehr enge Grenzen gesetzt waren – die er bis zum Letzten ausreizt, wenn nicht gar verschiebt –, stößt er auch im Amt des EU-Parlamentspräsidenten, das von seinen Vorgängern eher repräsentativ interpretiert wird, Wandel in vielen kleinen Dingen an. Manche sagen, er sei eine Nervensäge, dieselben Leute finden aber auch, es komme im Parlament und um es herum zu einem Kulturwandel.

Eine Neuerung führt Martin Schulz rasch ein: Er lädt ausländische Regierungschefs ein, die sich vor dem EU-Parlament für ihre Politik erklären müssen. Zum Beispiel den umstrittenen ungarischen Regierungschef Viktor Orbán, der die Meinungs- und Pressefreiheit in seinem Land langsam zersetzt und sich zu einem Autokraten entwickelt. »Das war eine Sternstunde für den europäischen Parlamentarismus, in der sich der ungarische Regierungschef einer Opposition gegenübersah, die er so bei sich zu Hause nicht mehr vorfindet«, meint Schulz hinterher lächelnd.

Wenn es sein muss, legt er sich auch mit José Manuel Barroso an, dem damaligen Chef der EU-Kommission. Als der seinen Kandidaten für das Innen- und Justizressort der Kommission nicht durchbringen kann, weil er im Parlament keine Mehrheit für sie findet, hat Schulz den Widerstand organisiert. Strippen ziehen, das wissen alle, kann er. Bisher waren immer alle Kandidaten der Kommission durchgewunken worden, Schulz sorgt also dafür, dass es zu einem einmaligen Vorgang in der EU-Geschichte kommt. Schulz spricht nüchtern von einem »Sieg für die Demokratie«. Und Barroso räumt zähneknirschend ein, dass dieses Parlament eine »vitale Rolle« spielt.

Bei den Spitzentreffen der Staatsführer mit der EU-Kommission ist es vor der Amtszeit von Schulz üblich, dass der Parlamentspräsident ein kurzes Grußwort bei den Gipfeln spricht und dann hinauskomplimentiert wird, wenn das wirklich Wichtige besprochen wird. Schulz setzt durch, dass er dabeibleiben kann. Acht Wortmeldungen gibt es nach seiner ersten Rede. Er schwärmt: »Das gab's noch nie, eine echte Debatte!«

Für ihn steht fest: »Es ist nicht akzeptabel, wenn die einzige direkt gewählte Institution, die Stimme der Bürger und Bürgerinnen in Europa, von der Debatte über die Zukunft der EU ausgeschlossen wird. Und wenn die mich rausschmeißen, setze ich mich vor die Tür mit einem Schild: Das ist das Demokratieverständnis von Angela Merkel.«

Kraftsprüche wie »Wir sind hier nicht mehr unter Kaiser Wilhelm II.« mag er. Schulz liebt es, historisch deftig zu argumentieren, seine Sprache ist ganz und gar nicht technokratisch. Es geht ihm um Augenhöhe, um Ebenbürtigkeit zwischen den Europäischen Institutionen Kommission, Rat – der Staatschefs oder Fachminister – und Parlament.

Ob er an diesen Zielen auch als deutscher Bundeskanzler festhalten wird, ist offen. Er wäre ja dann nicht mehr EU-Parlamentspräsident, sondern würde – zumindest auch – deutsche, nationale Interessen zu vertreten haben. Wie das Merkel heute tut.

Vor dem Hintergrund seiner langjährigen Tätigkeit auf europäischer Ebene und seiner Biografie ist indes nicht damit zu rechnen, dass er über den deutschen Interessen das europäische Einigungs- und Friedensprojekt aus dem Blick verliert. Im Gegenteil könnte mit ihm die Hoffnung verbunden sein, diesem Projekt neue Dynamik zu verleihen.

Spitzenkandidat von eigenen Gnaden

Er versteht sich eigentlich ganz gut mit der Kanzlerin. Die beiden schreiben sich fleißig Textnachrichten. Jedenfalls taten sie dies in der Vergangenheit, als Schulz noch Parlamentschef war. Kaum vorstellbar, dass die beiden das im Wahlkampf um das Kanzleramt fortsetzen.

Als Präsident des EU-Parlaments jedenfalls schickt er ihr nicht nur Nachrichten, er ärgert sie auch. Zum Beispiel mit seiner Idee, dass die Parteien bei der nächsten Wahl zum Europaparlament Spitzenkandidaten aufstellen sollen, die in ganz

Europa wählbar sind. Derjenige, der dann mit seiner Partei vorn liegt, soll dann auch EU-Kommissionspräsident werden. Bisher hatten den die EU-Regierungschefs im Europäischen Rat unter sich ausgekungelt.

Schulz' Idee bringt tatsächlich die gewünschte Veränderung für die Europawahlen im Jahr 2014. Und Schulz lässt an sich gleich selbst zu einem der Spitzenkandidaten machen. Kein Zweifel, er agiert, wie schon im Duell mit Berlusconi, auch diesmal als gewiefter Taktiker. Als ein politischer Unternehmer, der den Vorschlag für neues politisches Angebot macht, es mit klugen Argumenten unterfüttert – und praktischerweise gleich selbst dies Angebot verkörpert. »Ich möchte der erste Kommissionspräsident sein, der nicht durch eine Abmachung in einem Brüsseler Hinterzimmer ins Amt kommt, sondern demokratisch gewählt wird«, sagt der SPDler in seiner Bewerbungsrede, die er abwechselnd auf Deutsch, Französisch, Englisch und Italienisch hält.

In der Folge duelliert sich Martin Schulz von der Sozialdemokratischen Partei Europas (SPE) mit Jean-Claude Juncker von der Europäischen Volkspartei. Durch viele Jahre gemeinsamer Arbeit in den europäischen Institutionen kennen sich die beiden in- und auswendig. Beide sind, das ist kein Geheimnis, miteinander befreundet. Große Unterschiede gibt es im europäischen Wahlkampf zwischen den beiden nicht.

Ob das gut ist für die Akzeptanz der europäischen Idee in Europa? Schulz will doch eigentlich mehr politischen Wettstreit auch auf der europäischen Bühne. Zumindest sagt er das. Ein echtes Duell sieht anders ist. Auch wenn er natürlich wenig Einfluss darauf hat, wen die gegnerische Seite zum Spitzenkandidaten macht.

In jedem Fall bringt die Kandidatur breite mediale Aufmerksamkeit – in ganz Europa, aber auch in Deutschland. Hat sich da jemand unter dem Vorwand, hehre Ziele für Europa zu verfolgen, in Wirklichkeit eine neue Bühne gebastelt für den nächsten eigenen Karriereschritt in Richtung Berliner Kanzleramt?

Keine gute Figur –
Freundschaft statt Recht?

Im europäischen Wahlkampf 2014 werden Juncker und Schulz eher als »Team Europa« wahrgenommen, nicht als echte politische Gegner. Hie und da blitzen aber doch Unterschiede auf. Etwa beim Thema Steuern. Juncker ist der Meinung, es müsse Steuerwettbewerb zwischen den Staaten geben. Und das ist auch verständlich: Er war über 20 Jahre Finanz- und/oder Premierminister von Luxemburg. Und er weiß, dass sein Ministaat mit 500 000 Einwohnern sehr davon profitiert hat. Schulz legt sich quer, zumindest verbal: Er habe da ein ganz einfaches Prinzip. Das Land des Gewinn sei das Land der Steuer. Und weiter: Der gegenseitige Wettbewerb der Staaten um die niedrigsten Steuern bringt nur den einen Gewinn: den großen Kapitalbesitzern. Früher hätten die Menschen Opfer für ihre Kinder gebracht, heute für die Banken.«

Der Freundschaft zu Jean-Claude Juncker tun diese öffentlich vorgetragenen Differenzen keinen Abbruch. Und nicht nur das. Denn in der Tat war Martin Schulz nicht der Eifrigste, als es darum ging, ob sich Juncker vor einem Untersuchungsausschuss verantworten soll oder nicht. Manche sagen, Schulz habe ihn verhindert. Anlass der Forderungen nach einem Untersuchungsausschuss sind die sogenannten Lux-Leaks-Papiere. Ihr Hintergrund: ein Finanzskandal, der 2014 ein paar Monate nach dem europäischen Wahlkampf durch Informationen von

Whistleblowern bekannt wird. Die Vorwürfe gegen die Finanzindustrie des Minilandes waren massiv: Angeblich bot Luxemburg 343 internationalen Konzernen aus 82 Ländern – darunter Apple, Amazon, Heinz, Pepsi, Ikea und die Deutsche Bank – Steuervermeidungsmodelle an, die offenbar dankbar angenommen wurden und dazu führten, dass ihre Steuerlast unter ein Prozent sank. Nicht wenige erkennen in solchen Modellen durch die damit verbundenen Steuervorteile zugunsten der Kapitaleigner einen Skandal. Auch wenn die Bürger Luxemburgs, die von diesem Modell profitieren, das erwartungsgemäß anders sehen dürften.

Es kam zu Prozessen, aber die Rolle Luxemburgs und vor allem Jean-Claude Junckers ist bis heute nicht vollständig aufgearbeitet, geschweige denn, dass er wirklich zur Rechenschaft gezogen worden wäre. Die Whistleblower hingegen werden wegen Diebstahls und Verrats von Geschäftsgeheimnissen angeklagt. Sie erhalten Bewährungsstrafen von zwölf und neun Monaten und müssen eine Geldbuße von 1500 und 1000 Euro zahlen.

Dass Martin Schulz, der sonst so gerne gegen Kapitalisten, Ratingagenturen und Steuerflüchtlinge ins Feld zieht, sich für sie eingesetzt hätte, ist nicht bekannt.

Die Frage ist berechtigt, ob nicht beide, Juncker und Schulz, auf je eigene Art mit ihrem Agieren rund um diese Affäre auch zur Verschärfung der Vertrauenskrise gegenüber der europäischen Idee beigetragen haben. Beim Geld hört bei den beiden die Verbundenheit offenbar nicht auf. Menschlich mag das sympathisch sein, politisch und moralisch aber ist es fragwürdig. Die Freundschaft zu Jean-Claude Juncker, der immer wieder öffentlich beteuert, dass die von seinem Land offerierten Steuermodelle legal waren und sind, ist Schulz offenbar wichtiger, als Klarheit zu schaffen. Stellt da jemand das Persönliche über die berechtigten Interessen der Öffentlichkeit, gar über das Recht? Auch wenn sich beide nicht persönlich bereichert haben: Ein »Gschmäckle« bleibt.

Allerdings könnte man genauso auch Angela Merkel rügen: Wie konnte sie es zulassen, dass mit Juncker ein skandalumwitterter EU-Insider Spitzenkandidat der europäischen Konservativen werden konnte, der in Luxemburg die multinationalen Steuertrickser anlockte? Die Vorwürfe gegen ihn waren längst bekannt. Dass sie ihn deswegen ablehnte, dagegen nicht.

Der Vergleich mag etwas hinken, aber: Helmut Kohl verlor einst Ansehen und Ehre, als er sich weigerte, die Namen von Spendern zu nennen, die seiner Partei offenbar unter Anwendung illegaler Praktiken große Summen hatten zukommen lassen. Der Vorwurf an den Altkanzler lautete: Er stelle das gegebene Wort gegenüber Einzelnen über das Gesetz. Die Sozialdemokraten waren an der vordersten Front der Kritiker.

In jedem Fall gilt: Schulz, der im aktuellen Wahlkampf um die Kanzlerschaft darüber klagt, dass der kleine Bäckerladen um die Ecke mehr Steuern zahlt als Starbucks, wäre glaubwürdiger gewesen, wenn er damals seinem Freund Jean-Claude stärker auf die Finger geklopft hätte. Er könnte es im Übrigen immer noch tun. Und es gibt nach wie vor Handlungsbedarf. Die Steuervermeidungsmodelle gibt es so oder anders immer noch.

Das europäische Projekt – Krisen und Kämpfe, Werte und Preise

Was hat der Mond mit Europa zu tun, außer dass er über diesem Kontinent auch aufgeht? Eine Menge, glaubt man Martin Schulz: »Das geeinte Europa ist ein Projekt wie das, den ersten Mann auf den Mond zu bringen.«

Schulz ist nicht der Neil Armstrong der Europapolitik – der US-Astronaut betrat bekanntermaßen als erster Mensch den Mond und ging als Pionier der Raumfahrt in die Geschichte ein. Dafür ist Schulz zu jung. Er kann nur die Arbeit seiner Vorgänger in deren Geiste fortsetzen. Allerdings ist das auch nötig. Schließlich stehen die Spitzenpolitiker der EU, gleichgültig wer gerade im Amt ist, im Dauerverdacht, ein Verein von schwer erziehbaren Egozentrikern zu sein, die nur ihre Rechte kennen und die Pflichten gerne vergessen. Zulasten des europäischen Projekts.

Schulz kennt die Probleme der EU bestens. Aber er weiß, ohne die EU würden wir nicht so gut leben wie noch keine Generation zuvor, sie ist die Basis einer wirtschaftlichen Erfolgsstory. Das gilt es nicht aus den Augen zu verlieren. Für ihn heißt die Leitfrage: Wie kann der Flüchtlingsmagnet Europa den Wohlstand, der ja nicht vom Himmel gefallen ist, halten und einigermaßen gleiche Lebensverhältnisse zwischen den Mitgliedsländern herstellen?

Dieser Frage hat er sich in seiner Zeit als EU-Parlamentarier zu stellen und er wird sich ihr als Mitglied des Bundestags zu stellen haben – als Kanzler oder in welcher Funktion auch immer.

Die Versuchung liegt nahe, dabei einen Weg des mehr oder weniger unverhohlenen *Germany first* zu verfolgen, also analog des von Donald Trump propagierten Wegs, die nationalen Interessen mehr oder weniger radikal nach vorne zu rücken. Vor dem Hintergrund seiner Europa-Prägung, seiner persönlichen und politischen Biografie wird das von Schulz kaum zu erwarten sein.

Für ihn, so viel ist klar, braucht es auch so etwas wie Empathie auf Staatenebene – also eine Rücksichtnahme auf und eine Berücksichtigung der Interessen der EU-Partner –, wenn das europäische Projekt in seinem Geist erneuert und langfristig erfolgreich sein soll.

Schulz ist sich dabei bewusst: Bürger kaufen nicht von Unternehmen aus Staaten, von denen sie sich gedemütigt fühlen. Das Geld aber, das Deutschland über sein Einzahlen in den EU-Haushalt auch in die Förderung neuer EU-Mitgliedsstaaten steckt, kommt mittelfristig nur zurück, wenn die Bürger in den Partnerländern auch Waren aus Deutschland kaufen.

Die Kräfte in Weltwirtschaft und Weltpolitik verändern sich – zulasten Europas. Auch die Demografie spricht dabei gegen den Alten Kontinent, erkennt auch Schulz. Nur rund zehn Prozent der Weltbevölkerung leben in der EU – Tendenz sinkend –, und sie produzieren rund ein Viertel des weltweiten Bruttoinlandsprodukts. Noch. Das wird kaum so bleiben. Denn neue große Player wie China, Indien, Brasilien & Co sind nicht nur von ihrer Bevölkerungszahl den einzelnen EU-Staaten weit überlegen, sie holen wirtschaftlich gewaltig auf. Das europäische Wohlfahrtsmodell wird vor dem Hintergrund dieser Entwicklung nur weiterbestehen können, wenn die Länder der EU zusammenrücken und in der Welt mit einer Stimme sprechen. Davon jedenfalls ist, wie die meisten ernst zu nehmenden Spitzenpolitiker in Europa auch, Martin Schulz überzeugt.

Dabei sieht er besonders die Gefahr, die aus dem Riesenreich China kommt, das in Europa Firmen kauft, schnell technologische Entwicklungen kopiert, rasant wächst, seine Marktanteile erhöht und auch sonst politisch immer selbstbewusster auftritt, um seine dynamischen wirtschaftlichen Sprünge auch künftig abzusichern.

Schulz versteht indes, dass das chinesische Erfolgsmodell teuer erkauft ist: kein Streikrecht, keine Meinungsfreiheit, wachsende Umweltverschmutzung. Für den SPD-Mann nicht erstrebenswert. Auch den seelenlosen Drill an asiatischen Schulen sieht er kritisch.

Gleichwohl gibt es die Billigkonkurrenz aus dem »Osten« nun auf dem Weltmarkt und sie wird wachsen. Aber Schulz hält nichts davon, Angst zu haben. Und er betont immer wieder, für ihn sei die Würde des Menschen der Maßstab: ordentliche Arbeitsverhältnisse, bei denen sich niemand als Sklave fühlt, ein finanzierbares Dach über dem Kopf, gute Bildungschancen für Kinder und Absicherung im Alter. Ein sozialdemokratisches Programm also, oder auch einfach ein bürgerliches – das für Schulz auch heute noch zeitlos richtig ist.

Vor allem aber sieht er in der EU einen Friedensgaranten. »Wir sind zum ersten Mal ausschließlich von Freunden und engen Verbündeten umgeben, ein Luxus, ein historisches

Geschenk.« Dieses Geschenk zu sichern, ist zum einen wirtschaftliche Aufgabe, siehe oben – in unsicheren Zeiten ist es aber auch immer stärker eine militärische.

Persönlich sieht sich Schulz zwar als Pazifist – die Bundeswehr sah er zudem nie von innen –, als Realpolitiker indes bejaht er die Bundeswehr und die NATO. Dabei ist er nur mäßig optimistisch, was die menschliche Lernfähigkeit anbelangt. Sonst hätte es die Kriege im früheren Jugoslawien und in der Ukraine nicht gegeben.

Umso wichtiger ist für ihn, dass die Reihen geschlossen sind und die Länder und ihre Staatschefs nicht in alle möglichen Richtungen auseinanderstreben. Genau das aber geschieht immer häufiger. Nicht selten rollt er dann mit den Augen und sagt Sätze, die man von ihm kaum erwartet: »Ich habe mir als alter Sozi niemals träumen lassen, dass ich einmal Sehnsucht nach Helmut Kohl haben würde.« Der Historiker Kohl, der den Krieg noch erlebt hatte, nahm, wie Schulz es sieht, wie selbstverständlich Rücksicht auf die kleinen EU-Staaten, sein Denken und Handeln war auch in diesem Sinne immer gesamteuropäisch orientiert. Schulz macht keinen Hehl daraus, dass er ein solches *Mindset* manchmal bei Angela Merkel vermisst.

Heimlicher Außenminister

Die EU hat keinen offiziellen Außenminister, nur eine Außenbeauftragte. Aber man tritt der Italienerin Federica Mogherini, die dieses Amt aktuell bekleidet, nicht zu nah, wenn man festhält, dass ihr Wirkungsgrad in jener Ära, in der Schulz EU-Parlamentspräsident ist, beschränkt bleibt. Still und doch vernehmlich übernimmt nämlich Martin Schulz diese Aufgabe, quasi im Nebenjob. Der »Kissinger von Würselen«, wie ihn die *Süddeutsche Zeitung* spöttisch nennt, bereist in der sitzungsfreien Zeit ganz Europa, besucht alle 28 EU-Staaten, in denen er in der Folge teilweise bekannter ist, als er es in Deutschland bis zum Hype um seine Kanzlerkandidatur war.

Martin Schulz ist auch der erste führende EU-Politiker, der sich auf dem Höhepunkt der Krise nach Griechenland begibt, um sich selbst einen Überblick zu verschaffen. Es ist ein ernüchterndes Rendezvous mit der Realität. Das Bild der brennenden deutschen Flaggen, von dem er immer wieder berichtet, wird er lange nicht wieder los.

Er versucht, die aufgeheizten Gemüter zu beruhigen: »Europa ist keine Spargemeinschaft, Europa ist eine Solidargemeinschaft«, sagt er vor dem Parlament in Athen. Aber Schulz stellt auch klar, dass es grober Unfug ist, Angela Merkel mit Adolf Hitler gleichzusetzen und sie mit Bärtchen zu zeichnen.

Dabei hat Schulz nicht vergessen, dass die Griechen den Deutschen nach dem Zweiten Weltkrieg einen großen Teil ihrer Schulden erließen und nicht auf die volle Erstattung der Schäden durch die Naziangriffe bestanden. »Niemals darf die Hilfe des einen die Würde des anderen infrage stellen«, formuliert er das Prinzip klugen und richtigen europäischen Handelns, gerade – aber nicht nur – in der europäischen Krise.

Mit Blick auf die Griechenlandkrise begreift er sofort, dass man den Stolz der Bürger eines Volkes nicht brechen darf. Bis heute ächzt das Land unter einem Sparpaket, das, auf deutsche Verhältnisse übertragen, hierzulande wohl zu einer Revolution geführt hätte. Und: Während die griechischen Vermögensmillionäre ihre Schäfchen längst ins Trockene gebracht haben, leidet die normale Bevölkerung unter Kürzungen bei Pensionen, im Gesundheitssystem und bei der Bildung, die Jobs werden weniger und sie werden schlechter bezahlt, die Arbeitslosigkeit, vor allem bei der Jugend, explodiert.

Es lässt ihn nicht kalt, gibt Schulz offen zu, zu sehen, wie griechische Eltern ihre Kinder in SOS-Kinderdörfern abgeben, weil sie sie nicht ernähren können, Kranke von Ärzten nur gegen Bargeld behandelt werden und junge Paare wieder bei ihren Eltern einziehen, weil sie ihre Wohnung nicht mehr bezahlen können. »Selbst schuld«, sagen sich da viele. Zum Teil stimmt das ja auch, denn die griechische Politik hat nicht nur schlecht regiert, sie war in weiten Teilen auch selbst korrupt. Aber Schulz stimmt in dieses allgemeine Griechenland-*Bashing* nicht ein. »Wer also leichtfertig behauptet, dass Griechen, Spanier und andere sich mehr anstrengen müssen, sollte wissen, worüber er spricht. Und er sollte sich vielleicht daran erinnern, was in unserem Land los war, als eine Praxisgebühr von zehn Euro eingeführt wurde«, schreibt er in seinem Buch »Der gefesselte Riese«.

Aber nicht alle Auslandsreisen von Martin Schulz sind derart krisenbehaftet. Gewiss gibt es immer hitzige Diskussionen, sicherlich werden härtere Töne angeschlagen, aber die Freude und der Spaß bleiben dabei nicht gänzlich auf der Strecke. Dass sich Schulz im Dunstkreis seiner EU-Kollegen wohlfühlt, merkt man ihm an. Er genießt die Aufmerksamkeit. »Wenn du so lange in Europa dabei bist, kennst du jedes Schwein«, lautet eines seiner typischen Bonmots.

Der Meister des europäischen Networking, der internationalen Vernetzung kennt jeden bekannten Politiker und kann sich aufgrund seiner Mehrsprachigkeit mit vielen in ihrer Landesprache unterhalten – so etwas schafft Nähe. Im Gespräch mit Türken lässt er einfließen, dass Würselen sich doch schon türkisch anhört, nicht nur, weil die Textilgruppe Santex des Unternehmers Kemal Sahin dort ihren Sitz hat. Zwei Sätze hat er sich auf Türkisch angeeignet: »Bist du bekloppt?« und

»Ich muss los, ich habe keine Zeit.« Kleine Gesten des Respekts, die gerade in der stolzen Türkei gut ankommen.

In Italien ist er am populärsten wegen der Berlusconi-Attacke, vor allem bei der politischen Linken. In Bukarest spricht er schon mal vor 13 000 Leuten, in Warschau am 1. Mai vor 25 000. In Polen sprechen sie ihn »Martina Schulze« aus, das findet er lustig. Er mag das Land schon deshalb, weil seine Frau von dort kommt, und kündigt immer wieder an, dass er auch noch Polnisch lernen will. So ein Bekenntnis wärmt die polnische Seele. Wie ein Kind kann er sich darüber freuen, dass er im irischen Parlament sprechen darf, wo auch bereits Bill Clinton eine Rede hielt.

Am 12. Februar 2014 kommt sein schwierigster Auftritt: Martin Schulz spricht in der Knesset, dem israelischen Parlament. Hier eine ehrliche Rede und nicht nur eine höfliche zu halten ist fast unmöglich. Schulz macht klar, dass er das Existenzrecht Israels voll bejaht und in der deutschen Verantwortung steht, die das Existenzrecht Israels zur Staatsraison erklärt hat. Aber er verheimlicht auch nicht, dass er die offizielle israelische Siedlungspolitik für missglückt hält. Und dann erzählt er wieder eine seiner berühmten Geschichten. Ein palästinensischer Junge hätte ihn gefragt: Wie kann es sein, dass Israelis 70 Liter Wasser am Tag benutzen dürfen und wir nur 17?

Im Saal kommt es danach zu Tumulten. Wirtschaftsminister Naftali Bennett verlässt mit seiner rechten Siedlerpartei »Schande« rufend den Raum. Ministerpräsident Netanjahu spricht davon, dass Schulz das Ansehen Israels beschmutzt habe. Aber ansonsten wird Martin Schulz verteidigt. Oppositionschef Jitzchak Herzog bezeichnet ihn als Freund des Landes. Und als solcher fühlt er sich auch. Über die Ehrendoktorwürde der Hebräischen Universität in Jerusalem, die ihm tags zuvor verliehen worden war, hat er sich besonders gefreut.

Was Schulz im Nachhinein ärgert: Die Zahlen des kleinen Jungen stimmen nicht. Er hat sie nicht überprüft. Aber wahr bleibt für ihn auch: Es gibt ein Missverhältnis, Israelis haben täglich ungefähr doppelt so viel Wasser wie die Palästinenser zur Verfügung. Es sei wichtig gewesen, dieses Missverhältnis anzusprechen.

Krümmungsgrade, Flüchtlinge & Co – Frust statt Lust

Über Europa zu schimpfen ist populär geworden. Martin Schulz kann das teilweise verstehen. Er kennt die Schwächen der Staatengemeinschaft aus eigener Erfahrung, aber er hat es auch satt, dass Banalitäten die wesentlichen Fragen verdrängen.

Schulz mag sich nicht mehr ständig für die Abschaffung der Glühbirnen (vom Kyoto-Umweltabkommen empfohlen) und die Krümmungsgrade von Bananen und Gurken rechtfertigen (vom Handel gewünscht). Das bürokratische Monster EU, von dem immer gesprochen wird, ist für ihn gar nicht so monströs: Die Stadt München hat mehr Angestellte als die EU, nur sechs Prozent des Etats fließen in den Etat für Personal, Verwaltung und Instandhaltung der Gebäude.

Wichtiger ist für ihn zum Beispiel die Frage: Darf man heute stolz darauf sein, Europäer zu sein? Schulz meint nein. Vielleicht weil er als Deutscher seiner Generation gelernt hat, vorsichtig mit Nationalstolz umzugehen. Persönlich sei er nur auf Dinge stolz, die er selbst geschaffen habe, wie er betont. Die eigene Familie, den Buchladen, der weitergeführt wird, die gute Atmosphäre unter seinen Mitarbeitern.

Aber darf man sich umgekehrt für Europa schämen? Schulz tut das. Der Mann, den die *Frankfurter Allgemeine Zeitung* die

»Fortsetzung Adenauers mit sozialdemokratischen Mitteln« nennt, vermisst die Lust an der EU, die oft durch Sabotage ersetzt wird. »Die EU war mal ein Versprechen, das heute nicht mehr eingelöst zu werden scheint. Ein Versprechen für mehr Stabilität, mehr Sicherheit, mehr Aufstieg, mehr Beschäftigung, mehr Wachstum«, erzählt Schulz dem *Focus* und beklagt sich über Abgeordnete, die genau wissen, wie wichtig Europa ist, aber wider besseres Wissen anderes behaupten. »Zu Hause aber erzählen sie genau das Gegenteil und brüsten sich damit, wie sie sich gegen die anderen in Europa durchgesetzt haben. Wer beim Autofahren gleichzeitig Gas gibt und auf der Bremse steht, wird den Wagen zum Schleudern bringen.«

Bremser des europäischen Projekts, eines seiner Lebensthemen, gäbe es genug, findet Schulz. Manchmal aber wird er selbst zum größten Kritiker: »Der gefesselte Riese« hat er sein Buch über *Europas letzte Chance* betitelt. Gemeint ist damit eine Selbstfesselung, der Riese wird also nicht von bösen anderen Mächten gefesselt. Das Buch ist auch ein Versuch, von der europäischen Idee zu retten, was zu retten ist. Manchmal klingt es gar verzweifelt. Aber es wird auch deutlich: Schulz will eine positive Erzählung von Europa – die EU als Friedens-, Wohlstands- und Bildungsgaranten, siehe oben –, ohne die Schwachpunkte unter den Teppich zu kehren.

Auch die Flüchtlingsthematik ist ihm dabei wichtig – im Übrigen auch, weil er dabei nicht zuletzt die DDR-Flüchtlinge 1989 in der Prager Botschaft und an der ungarischen Grenze vor Augen hat oder die vielen Tausend deutschen Emigranten in der NS-Zeit. Nicht zuletzt sein Vorbild Willy Brandt war ja einer, der ohne die Gastfreundschaft anderer nicht überlebt hätte.

Deutschland kann nicht die ganze Welt retten, selbst Europa kann das nicht, weiß auch Schulz. Aber nur, weil jemand nicht den gleichen Pass hat, nicht die gleiche Hautfarbe, nicht die gleiche Religion, hat er doch auch eine Würde. Davon will er nicht abrücken – auch wenn die AfD in Sachsen-Anhalt und Mecklenburg-Vorpommern auf über 20 Prozent kommt und die Rufe »Ausländer raus« wieder vernehmbarer werden.

Demonstrativ besucht er Brennpunkte, um seine Haltung zu zeigen: Am 3. Oktober 2014, dem Tag der Deutschen Einheit, reist Schulz zum ersten Jahrestag der Flüchtlingstragödie vor Lampedusa, bei der 366 Flüchtlinge ertranken, auf die italienische Insel. Das Schicksal dieser Menschen erschüttert ihn erkennbar, aber er hat auch eine klare Position, die er später in einem Interview mit der *FAZ* umreißt: »Kämen wir zu einer gerechten Verteilung von Flüchtlingen, würden wir allein dadurch den verantwortungslosen Populisten das Wasser abgraben. Sie nutzen das Elend dieser Leute zynisch dazu, Emotionen zu schüren, die sie wahlpolitisch ausschlachten wollen.«

In der Tat schafft es Europa bis heute nicht, die vielen Flüchtlinge auf dem ganzen Kontinent gerecht zu verteilen. Dass sich zunächst nur neun von 28 Staaten an der Aufnahme der Flüchtlinge ernsthaft beteiligen, sieht Schulz, der sich um eine breitere Verteilung bemüht, als einer seiner größten Niederlagen überhaupt an, obwohl die Ursache dafür vor allem auf der Ebene der Nationalstaaten zu suchen ist.

Kontrolle der Finanzindustrie und freier Handel

Zwar war er selbstständiger Buchhändler, aber ein ausgesprochener Wirtschaftsexperte ist der Mann von der SPD nicht. Aber er weiß, wie wichtig die Themen Wirtschaft, Arbeit und Wohlstand für den Zusammenhalt Europas und auch Deutschlands sind.

Dabei stemmt er sich dagegen, dass kaum kontrollierbare Akteure der Wirtschaft die Politik bestimmen. Dass etwa Ratingagenturen in New York einflussreicher sind als Regierungen hält er für brandgefährlich. Das Gleiche gilt für mächtige Investmentgiganten wie etwa Blackrock, die Fondsvermögen von mehr als vier Billionen US-Dollar kontrollieren – und sich der Transparenz und echter Kontrolle entziehen.

So sehr Martin Schulz solide deutsche und europäische Mittelständler schätzt und fördern will, so sehr steht er dem internationalen Finanzkapitalismus mit seinem Hochfrequenzhandel an der Börse und Finanzwetten auf den Untergang ganzer Volkswirtschaften kritisch gegenüber. »Systemrelevant« seien nicht nur die Banken, sondern auch die Menschen, die einfache Arbeiten ausführen.

Auf europäischer Ebene ist die Finanztransaktionssteuer daher auch eines seiner Lieblingskinder. Die Einführung einer solchen Abgabe (0,05 Prozent pro Transaktion) würde den EU-Haushalt sehr entlasten. Rund 200 Milliarden Euro könnte sie wohl einbringen. Bislang indes scheitert sie an Ländern, deren Wohlergehen besonders an einer funktionierenden Finanzindustrie hängt. Für viele ist der Schrecken der Finanzkrise von 2008 und danach bereits wieder in Vergessenheit geraten.

Martin Schulz findet das gefährlich, und die aktuelle Fragilität des Weltfinanzsystems dürfte ihn in seiner Skepsis bestätigen. Ob allerdings die Finanztransaktionssteuer die beste Idee ist, um künftigen Finanzkrisen vorzubeugen – vor allem, wenn der Finanzplatz London nicht einbezogen wird und die Finanzakteure womöglich auf andere als EU-Finanzplätze ausweichen –, und ob sie so gesehen nur reine Symbolpolitik darstellen würde, um linke Gemüter zu beruhigen, muss sich Schulz zumindest vorhalten lassen.

Im Übrigen präferiert Schulz den freien Welthandel und lehnt insofern protektionistische Eingriffe des Staates ab. Es ist dies jene Position, die auch Exportweltmeister Deutschland nützt – und die den gängigen ökonomischen Modellen entspricht, die in Arbeitsteilung, Spezialisierung und freiem Handel von Gütern, Dienstleistern und Kapital sowie der Freizügigkeit von Menschen die Voraussetzung von Wachstum und Wohlstand sehen. (Dass dabei Kapitaltransaktionen und auch Menschenströme kontrollierbar bleiben müssen, gehört dazu.)

Wohin Abschottung ganzer Volkswirtschaften führen kann, erklärt Schulz gerne am Beispiel des chinesischen Kaisers Jiajing, der im 16. Jahrhundert eine Politik der Isolation verfolgte. Er riegelte sein Reich ab und verfügte, dass die hochseetüchtigen Schiffe der chinesischen Flotte im Hafen zu bleiben hatten. Teilweise wurden sie vernichtet. Der Außenhandel wurde so fast komplett unterbunden. 500 Jahre habe China gebraucht, so Schulz, um sich von dieser Fehlentscheidung gegen Fortschritt und geistigen Austausch zu erholen. Umgekehrt habe Europa seit Jahren sehr vom freien Handel profitiert – es dürfe daher nicht die Fehler der Chinesen wiederholen.

Schrecken der Rechten – »Mit mir nicht«

Es ist nur ein Scherz, aber einer mit großem Wahrheitsgehalt. »Er stoppte damals schon die rechten Stürmer. Das hat sich bis heute nichts geändert«, meint Harald Matthäus, Senatspräsident der Karnevalsgesellschaft »Au Ülle«, als er Martin Schulz den »Närrischen Grenzlandschild« überreicht, anspielend auf dessen Vergangenheit als linker Verteidiger beim Fußball.

In der Tat hat sich Martin Schulz im Laufe seines politischen Lebens, und auch als EU-Parlamentspräsident, vehement gegen Rechtsradikale und »rechtspopulistische Schreihälse« gewandt. Jene, die demokratisch gewählt sind, hätten zwar ein Anrecht darauf, im Europaparlament zu sitzen und keine Abgeordneten zweiter Klasse zu sein. Aber es gebe Grenzen, an denen eine Meinung eben keine Meinung mehr sei, sondern Hetze.

Über 100 Abgeordnete im Europäischen Parlament werden zu diesen politischen Desperados gezählt. Die Fraktion »Europa der Nationen und der Freiheit« etwa, zu der der *Front National* unter Marine Le Pen und weitere ultrarechte Parteien zählen, kassiert 20 Millionen Euro aus EU-Töpfen. Damit finanziert die EU gewissermaßen ihre Feinde selbst, denn ihnen ist ein Ziel gemeinsam: Mit ihren nationalen oder gar nationalistischen Agenden wollen sie die EU abschaffen.

Als EU-Parlamentspräsident versucht Martin Schulz immer wieder, rechten Parolen im Hohen Haus Einhalt zu gebieten. In einem Fall gelingt es ihm besonders eindrucksvoll. Als Eleftherios Synadinos, Abgeordneter der griechischen Neonazipartei »Goldene Morgenröte«, im März 2016 beginnt, Türken rassistisch zu beschimpfen, greift Schulz ein. Er schließt den Politiker von der Sitzung aus und verweist ihn des Plenarsaals – die stärkste Waffe, die ein Parlamentspräsident nutzen kann.

Was ist geschehen? Der Neonazi hat bei der Debatte über den EU-Türkei-Gipfel Türken als »dumme und schmutzige Barbaren« beschimpft, sie seien gottesverachtend, Schwindler und schmutzig. Wohl wissend, dass der Hund im Islam als unrein gilt, schimpft der Grieche: »Der Türke ist wie der Hund, der den Wilden spielt, aber gegen den Feind, gegen den er zu kämpfen hat, davonläuft.« Der einzig effektive Weg mit ihnen umzugehen, sei »mit der Faust und mit Entschlossenheit«.

Schulz wendet sich gegen Ausfälle des rassistischen Griechen. Er nutzt sein Hausrecht als EU-Parlamentspräsident. »Die extremen Rechten versuchen, die Grenze jeden Tag ein Stück weiter zu verschieben und auszutesten, wie weit sie in ihrer Unmenschlichkeit gehen können«, sagt er der *Hamburger Morgenpost*. Er verspricht, dass er dabei nie wegsehen werde: »Mit mir nicht.«

Schulz fordert Eleftherios Synadinos auf, den Plenarsaal zu verlassen, aber der will nicht weichen. Erst als Schulz mit dem Einsatz von Saalordnern droht, beugt er sich. Anderen Abgeordneten, die sich über den Rauswurf beschweren, entgegnet Schulz eindeutig und zugleich sarkastisch: »Wenn Sie den Herrn Synadinos begleiten möchten, kann ich Sie nicht hindern. Wenn Sie sich nicht beruhigen, kriegen Sie Beruhigungsmittel.«

Dem rechten Spuk bürgerlichen Anstand entgegensetzen, nicht verdruckst oder mit gesenktem Kopf, sondern wenn nötig mit harter Kante, darum geht es Schulz. Und er setzt sich durch: Keine Hetze im Europaparlament.

Dass er mit seiner Haltung selbst etwas abbekommt, ist klar: 2010, als er noch nicht als Parlamentspräsident amtiert, sondern Vorsitzender der Sozialdemokratischen Fraktion ist, fällt ihm der britische Abgeordnete Godfrey Bloom von der europafeindlichen Partei UKIP mit den Worten »Ein Volk, ein Reich, ein Führer« ins Wort und bezeichnet ihn als »undemokratischen Faschisten«. Schulz entgegnet ungerührt, er habe die Geisteshaltung jener, die »ein Volk, ein Reich, ein Führer« gefordert hätten, stets bekämpft. Nach seiner Entgleisung verlässt Bloom gezwungenermaßen den Saal.

Wie wichtig Martin Schulz die Kultur der Erinnerung an Holocaust und Naziherrschaft ist, zeigt er auch 2015, als EU-Parlamentspräsident, beim 70. Jahrestag der Befreiung des KZ Buchenwald, in dem 56 000 Menschen starben und ermordet wurden. Vor 80 Buchenwald-Überlebenden hält er eine Rede, für die er viel Anerkennung erhält: »Sie, die Überlebenden, haben die Menschheit nicht aufgegeben. Sie haben die Hölle der Konzentrationslager überlebt und die Hölle der Erinnerung bezwungen. Sie haben die Kraft gefunden, ihre Geschichte mit uns zu teilen.« Schulz spricht weiter von der »Rückkehr der Dämonen, die wir in Europa für überwunden hielten und die doch immer wieder ihre hässliche Fratze erheben: den Antisemitismus, den Rassismus, den Ultranationalismus und die Intoleranz.‹

Was er damit meint, ist klar. Etwa, dass jüdische Schulen, Gemeindezentren und Synagogen nach wie vor von der Polizei geschützt werden müssen. Oder dass das mittlerweile auch für muslimische Einrichtungen gilt, die immer mehr zu Objekten des Hasses werden. In welch starkem Maß, erfährt auch Aiman Mazyek, Sohn eines Syrers und einer Deutschen und Vorsitzender des Zentralrats der Muslime in Deutschland. Mazyek ist ein guter Bekannter von Schulz, er lebt in einem Nachbardorf von Würselen. Schulz weiß, welche Drohungen Mazyek erhält, wenn wieder einmal ein Attentat von Terroristen des Islamischen Staates oder aus dessen Umfeld Europa erschüttern. Schnell werden dann »die Muslime« dafür verantwortlich gemacht. Und Mazyek weiß, dass Schulz nicht so platt denkt und den gewaltfreien Islam nicht als Bedrohung ansieht.

Der Schutz religiöser Minderheiten dürfe dabei nicht auf staatliche Organe beschränkt bleiben, fordert Schulz. Jeder sei gefragt: »Für den Sieg des Bösen reicht die Untätigkeit des Guten« zitiert er gerne den britischen Philosophen Edmund Burke.

Das gilt auch für ihn. Die AfD, in deren Reihen sich einige Rassisten tummeln, bezeichnet er nicht als »Alternative für

Deutschland«, sondern als »Schande für Deutschland«. Schulz rammt hier Pflöcke ein. Die freie Gesellschaft hat Feinde, und diese Feinde müssen bekämpft werden, friedlich und rechtsstaatlich, aber auch deutlich und vernehmbar. Seine Strategie – in Europa wie in Deutschland – zielt darauf, den Rechtspopulisten keinen Meter Boden des demokratischen Raumes freizugeben, weil sie diesen Raum abschaffen wollen. Und er will ihre einfachen Lösungen als Scheinlösungen entlarven. Schulz ist überzeugt davon, es sei nur möglich, die ultrarechten Parteien aus den Parlamenten fernzuhalten, wenn man nicht ihre Parolen in Teilen nachplappert und ihre Themen übernimmt.

Wie glücklich eine Medaille macht

Der Literaturnobelpreis für Bob Dylan? Für Martin Schulz keine gute Idee: »Ich habe nicht gejubelt, auch wenn manche Texte große Literatur sind«, sagt er 2016 lächelnd in Berlin. Die Entscheidungen des Osloer Nobelpreis-Komitees sind »beträchtlich kreativ«, spottet Schulz. Auch Martin Schulz hat, kurz nachdem er 2012 zum Parlamentspräsidenten gewählt wurde, nicht damit gerechnet, dass ausgerechnet die Europäische Union 2012 den Friedensnobelpreis zugesprochen bekommt.

Aber offenbar will das Komitee damals – als die Flüchtlingskrise noch weit weg war – eine langfristige gemeinsame Leistung von Staaten auszeichnen und insofern ein Zeichen setzen gegen das Wohlstandgrummeln und die Spaltprozesse in Europa. Die Begründung der Nobel-Jury: »Über 70 Jahre hatten Deutschland und Frankreich drei Kriege ausgefochten. Heute ist Krieg zwischen Deutschland und Frankreich undenkbar. Das zeigt, wie historische Feinde durch gut aus-gerichtete Anstrengungen und den Aufbau gegenseitigen Ver-trauens enge Partner werden können. Das Komitee wünscht den Blick auf das zu lenken, was es als wichtigste Errungen-schaft der EU sieht: Den erfolgreichen Kampf für Frieden und Versöhnung und für Demokratie sowie die Menschenrechte, die stabilisierende Rolle der EU bei der Verwandlung Europas von einem Kontinent der Kriege zu einem des Friedens.«

Bemerkenswert: Die ermutigende Botschaft kommt aus Norwegen, wo das Komitee seinen Sitz hat. Und damit aus einem Land, das zweimal den EU-Beitritt in Referenden abgelehnt hat – aber sich offenbar dennoch einen kühlen Blick auf die Verdienste und Vorzüge der EU bewahrt.

Martin Schulz reagiert schnell und taktisch klug. Sofort reklamiert er den Preis nicht für die Politikerkaste, sondern er sagt: »Es ist ein Preis für die Bürger Europas«, also für jene rund 500 Millionen Menschen, die in 28 EU-Staaten leben und mehr als zwanzig Sprachen sprechen.

Früher haben ja bereits Institutionen wie Amnesty Interna-tional, Ärzte ohne Grenzen, die Vereinten Nationen und die internationale Atomenergie-Organisation den Preis zugespro-chen bekommen. Nun ist die EU an der Reihe. Wer aber soll ihn für sie entgegennehmen? Drei Männer bieten sich an. José Manuel Barroso, Chef der EU-Kommission. Der Belgier Her-man Van Rompuy, der für den Europäischen Rat der Mitglieds-länder steht. Und Martin Schulz, Präsident des Europäischen Parlaments.

Man einigt sich EU-typisch: Martin Schulz bekommt die Medaille ausgehändigt, Barroso und van Rompuy dürfen die Urkunde entgegennehmen und eine zweigeteilte Rede halten. Es muss eine Folter gewesen sein für Martin Schulz, der beiden rhetorisch deutlich überlegen ist, auf dieser Weltbühne im Rathaus von Oslo zu schweigen.

Später wird er dem *Spiegel*-Reporter indes im Vorübergehen sagen: »Jetzt mal ehrlich: Die Reden interessieren am Ende niemand. Aber die Bilder mit der Medaille, die gehen um die Welt.« Entscheidend für ihn sei auch, dass alle drei Abgesandten der EU gemeinsam auf einem Podest sitzen konnten. »Ich bin also auf Augenhöhe, das ist das Entscheidende.«

Da ist er wieder, der geltungsbedürftige, machtbewusste Martin Schulz, der gerne ins Scheinwerferlicht tritt. Aber muss ein Politiker mit Führungsanspruch nicht genau so sein?

Als Nobelpreisträger empfindet sich der Präsident zwar nicht, nur als Nobelpreisempfänger. Aber nach der Verleihung will er die schwarze Schatulle mit der goldenen Medaille gar nicht mehr loslassen. Er denkt an seine Anfänge, seine Abstürze. »Unwirklich« findet es Schulz, dass der »Junge vom Land«, wie er sich kokett nennt, stellvertretend für die EU eine solch hohe Auszeichnung entgegennehmen darf.

Am Abend lässt Martin Schulz dann sein »zweites Ich« heraus. Den Entertainer, den er sonst vor allem beim Karneval freilässt oder beim Parodieren anderer Politiker im kleinen Kreis. Die Gelegenheit ist günstig, denn vor dem Grand Hotel, in dem gefeiert wird, stehen tatsächlich Fans der EU und wollen die drei EU-Granden sehen. Hunderte tragen Fackeln in den Händen und wollen nun ein kleines Happening erleben. Barroso und Van Rumpoy sind dafür zu spröde, sie ziehen sich gleich zurück. Nicht so der Rheinländer Schulz. Er tanzt, reckt die Daumen in die Luft, macht mit den Händen ein Megafon, brüllt »Norway, Norway«. Er weiß genau, wie er seine Fans anheizen muss.

Aber da gibt es noch etwas Wichtigeres: die SMS seiner Frau, die die Zeremonie verfolgt hat. Sie schreibt: »Ich war so aufgeregt wegen Dir, mir sind heute fünf Frikadellen angebrannt.«

Martin Schulz weiß: Er hat auch Glück – und wieder dieses Momentum, der Fortune, zum richtigen Zeitpunkt am richtigen Ort zu sein. Wäre der Preis ein Jahr früher an die EU gegangen, wäre der Pole Jezy Busek als Parlamentspräsident in die Geschichtsbücher geraten. Die schönen Fotos mit Martin Schulz hätte es nie gegeben.

Nicht alle jubeln über den Preis an eine so mächtige und zerstrittene Institution. Frühere Preisträger wie der südafrikanische Geistliche Desmond Tutu bezweifeln, dass die EU ein Vorkämpfer für den Frieden außerhalb der EU ist. Amnesty International wirft der EU vor, dass sie mit ihrer Flüchtlingspolitik (schon damals) Menschenrechte verletze und zudem tatenlos zuschaue, wie Roma innerhalb der EU diskriminiert werden.

Kritik an der Entscheidung wischt Martin Schulz vom Tisch. Waffenexporte in Krisengebiete? Die seien eine nationale Angelegenheit. Die EU habe ja keine eigene Armee, sei aber weltweit der größte Zahler für Entwicklungshilfe. Im Übrigen ginge das Preisgeld in Höhe von 930 000 Euro an kriegsgeschädigte Kinder.

Aber der Präsident warnt auch vor drohendem Unheil: »Wir sind dabei, den europäischen Geist in die Tonne zu treten. Die EU kann scheitern«, diktiert er ernsten Gesichts Journalisten in den Block. Eine ausgelassene Jubelfeier schaut anders aus.

Der Instinkteuropäer

Zweieinhalb Jahre später, am 14. Mai 2015, Christi Himmelfahrt, ist wieder ein Festtag für Martin Schulz. Diesmal wird er persönlich geehrt, noch dazu vor seiner Haustür. Dort, wo früher Karl der Große (748 bis 814) residierte – der erste Einiger Europas, der Aachen zu seiner Lieblingspfalz gewählt hatte –, wird Schulz in Anwesenheit von acht Staatsoberhäuptern mit dem Aachener Karlspreis ausgezeichnet. Mit der Ehrung steht er fortan in einer Reihe mit Preisträgern wie Winston Churchill, Konrad Adenauer, Vaclav Havel, Papst Johannes Paul II. und auch Angela Merkel.

Aachen ist ein passender Ort für diesen Preis, der seit 1950 alljährlich für Verdienste um Europa und die europäische Einigung verliehen wird. Die Stadt lag nach dem Krieg in Trümmern. Über 60 Prozent der Stadt waren durch Luftangriffe zerstört worden, und als erste deutsche Stadt wurde sie im Oktober 1944 von den Alliierten eingenommen.

Auch das Rathaus war von Bomben getroffen worden. Nach dem Krieg entschied man, es detailgetreu wiederaufzubauen. Sein Krönungssaal, der auf der Krönungshalle Karls des Großen gründet, ist das Prunkstück des Rathauses: zweischiffig, fünf Kreuzrippengewölbe, der größte profane Saal im Heiligen Römischen Reich. Wer ihn einmal betritt, kann sich dem Gefühl der Erhabenheit kaum entziehen.

Der Karlspreis ist ein Aachener Bürgerpreis und insofern ein Preis, der »von unten« verliehen wird. Das passt zu Martin Schulz, wie er selbst findet. Und greift in seiner Dankesrede in die entsprechende biografische Schatzkiste: »Als ich ein Junge war, wurde mein Vater, ein Polizist, jedes Jahr an Christi Himmelfahrt für den Schutz der Karlspreiszeremonie eingeteilt. Ich fragte meine Mutter, wo er sei, was er mache. Deshalb nahm sie mich mit zum Aachener Rathaus. Als ich damals mit meiner Mutter auf dem Marktplatz stand und Jens Otto Krag (Chef der dänischen Sozialdemokratie) oder Joseph Luns (NATO-Generalsekretär von 1971 bis 1984) von der Rathaustreppe winken sah, hätte ich mir niemals träumen lassen, einmal selbst Karlspreisträger zu sein. Ich bin tief berührt, demütig und auch ein wenig stolz, als Kind dieser Region diese wichtige Auszeichnung der Aachener Bürger verliehen zu bekommen.«

Ein wenig stolz – das ist stark untertrieben. Schulz prägt einen neuen Begriff: Er sei ein »Instinkteuropäer«, noch dazu ein sehr glücklicher. Nicht zuletzt deswegen, weil er die Öffnung der Grenzen im deutsch-niederländisch-belgischen Dreiländereck, seiner Heimatregion, direkt miterleben durfte, wie er in seiner Dankesrede bei der Entgegennahme des Aachener Karlspreises erkennen lässt: »Für uns alle war es eine alltägliche Erfahrung, in engen, durch hölzerne Schlagbäume markierten Grenzen zu leben. Grenzen, an denen sich lange Schlangen bildeten, wenn man am Wochenende zum Einkaufen oder zum Verwandtenbesuch rüberfuhr. Grenzen, die wegen eines Fußballspiels auch mal ganz geschlossen wurden. Wir alle haben erlebt, wie einengend Grenzen sind und wie befreiend es ist, sie zu öffnen.«

Schulz übt indes auch Selbstkritik – oder besser: Kritik an seiner Politikergeneration. Die Politiker von früher seien den heutigen voraus, weil sie noch Visionen gehabt hätten: »Die Versöhnung mit den deutschen Nachbarn, die ungekannte Verwüstungen und Verheerungen über Europa gebracht hatten, das erforderte Mut und Weitsicht. Hätten Konrad Adenauer, Alcide De Gasperi, Jean Monnet, Robert Schuman und Paul-Henri Spaak in den Fünfzigerjahren bereits so auf die letzten Meinungsumfragen und die nächsten Wahlen geschielt, wie es meine Politikergeneration tut, dann hätte die europäische Einigung niemals das Licht der Welt erblickt.«

Einen Moment lang wird Schulz zornig, im Saal ist seine Wut zu spüren: »Hört auf damit, alle Misserfolge und ungelösten Probleme Brüssel in die Schuhe zu schieben, die Erfolge aber auf die eigene nationale Fahne zu schreiben. Genau das trägt zur Entfremdung der Menschen von der EU bei.« Das Schlechtreden der EU nennt es geschichtsvergessen und undankbar: »Feinde wurden zu Freunden, Diktaturen zu Demokratien, der größte und reichste Binnenmarkt der Welt wurde geschaffen. Wir haben Menschenrechte und Pressefreiheit, aber keine Todesstrafe und Kinderarbeit. Warum sind wir darauf nicht stolz?« Schulz kehrt aber auch die Probleme der EU, die Bürokratie, das Abgehobene, nicht unter den Tisch.

Wer sie erlebt hat oder sie heute liest, der kann nicht umhin, Martin Schulz' Dankesrede eine ehrliche und mitreißende zu nennen. Allerdings ist auch seine Selbstkritik mehr als berechtigt. Als er den Preis erhält, sitzt er schließlich bereits mehr als 20 Jahre im Europäischen Parlaments und wirkt hier seit vielen Jahren an vorderster Front.

Lob scheint dennoch angebracht, findet auch Laudator François Hollande, der französische Präsident. Und der lobt ehrlich, wenn auch durchaus mit einer kleinen Spitze mit Blick auf Schulz' Schauspielkunst als Verhandler: »Sie sind ein Mann mit Charakter. Wenn man in Frankreich von einem Mann mit Charakter spricht, dann meint man, dass er sich aufregen kann. Das gilt auch für Sie. Manchmal ist Ihre Aufregung vorgetäuscht, um Ihre Thesen in einer Verhandlung besser untermauern zu können, was mir nicht lange verborgen bleibt. Manchmal ist Ihre Aufregung echt, nämlich immer dann, wenn es zu Ungerechtigkeit kommt, zu Missachtung und Unanständigkeit, was Ihnen alles schon untergekommen ist.« Hollande plaudert zudem aus dem politischen Nähkästchen, spricht von einer sittlichen Dreierbeziehung und betont, dass Schulz zur Annäherung zwischen Kanzlerin Merkel und ihm als Kuppler, Vermittler und Übersetzer einiges beigetragen habe. Wer hätte das gedacht ...

Welchen Schatz an Freundschaft Schulz unter Politikern heben kann, zeigt sich besonders bei den Worten von Donald Tusk, kürzlich wiedergewählter Präsident des Europäischen Rates. »Du bist politisch als Sozialist herangereift. Ich wurde von den polnischen Kommunisten ins Gefängnis geworfen. Aber mein Gespür sagt mir, dass du, wärst du ein Pole, mit mir dieselbe Gefängniszelle geteilt hättest. Wir beide wissen, was harte Alltagsarbeit bedeutet: Als du Bücher verkauft hast, habe ich über viele Jahre als Bauarbeiter gearbeitet. Ja, wir sind beide durch die Schule des Lebens gegangen.« Und dann schaut Donald Tusk auf Inge Schulz: »Deine Frau stammt aus dem heutigen polnischen Szprotowa (Sprottau), während meine Eltern in der Freistadt Danzig aufwuchsen, und so wissen wir beide, dass die Freundschaft zwischen Polen und Deutschen einer der Schlüssel für ein freies und sicheres Europa ist.«

Martin Schulz hört sich diese und auch weitere Lobpreisungen an, etwa die von Bundespräsident Gauck. Er schmunzelt, manchmal auch scheint ihm eine Träne in den Augen zu stehen. Und er freut sich: Er steht im Rampenlicht, steht ganz oben. Mehr, könnte er sich sagen, ist nun kaum noch möglich. Oder doch? Eigentlich kann es jetzt nur bergab gehen.

Aber – wie sich später zeigen wird: Auf Martin Schulz warten in Berlin gut eineinhalb Jahre später noch größere Pläne.

Das katholische »C« in der Vita – (politischer) Beistand von oben?

Wer in Würselen aufwächst, kommt an St. Sebastian nicht vorbei. Die mächtige Kirche im Ort ist beeindruckend – auch für Nichtchristen. Hier sitzt Martin Schulz zum ersten Mal auf harten Kirchenbänken und erlebt die Theatralik der katholischen Liturgie. Nicht mehr, aber auch nicht weniger.

Familie Schulz praktiziert einen entspannten Katholizismus: nicht gerade mit Inbrunst und Zwang, aber doch mit grundsätzlicher Beteiligung. Wobei sich der Sinn des regelmäßigen Kirchgangs für Martin Schulz als Jugendlichem immer weniger erschließt, darin nicht untypisch für seine oder auch spätere Generationen. Die zeitgleich stattfindenden Fußballspiele am Wochenende sind ihm jedenfalls erheblich wichtiger als der Segen des Pfarrers. Und die Vermutung liegt nahe, dass er an seiner von Geistlichen dominierten Ordensschule, von der bereits die Rede war, schon früh eine große Dosis moralisierendes Christentum abbekommen hat.

Für heute gilt: Martin Schulz ist kein aktiv bekennender Christ. Zumindest trägt er sein Christsein nicht vor sich her. Im Gegensatz zu anderen Politikern wie etwa Malu Dreyer, Julia Klöckner, Barbara Hendricks, Monika Grütters oder Annegret Kramp-Karrenbauer sitzt er auch nicht in einem christlichen Laiengremium wie dem Zentralkomitee der deutschen Katholiken. Katrin Göring-Eckardt von den Grünen hatte sogar eine Zeit lang das Amt eines Präses der Synode der Evangelischen Kirche inne.

Ob Schulz gar nicht an Gott glaubt oder seine Existenz zumindest für möglich hält, dazu hat er sich nie geäußert. Das Kirchenmilieu ist ihm immer ein wenig fremd geblieben. Aber Schulz weiß natürlich, dass die Kirche aus vielen Flügeln besteht und dass es in manchen Themenfeldern große Schnittmengen mit seinen Überzeugungen gibt. Vor allem bewundert er Papst Franziskus, der sich für eine radikale Barmherzigkeit einsetzt, gerade in der Flüchtlingsfrage.

Deshalb lässt es sich Martin Schulz auch nicht nehmen, bei der Karlspreisverleihung 2016 die Laudatio auf Papst Franziskus zu halten. Abermals also der Karlspreis, nur, dass er jetzt, nur ein Jahr nach der Verleihung an Schulz, an den argentinischen Papst geht.

Es ist im Übrigen das erste Mal in der Geschichte der Verleihung des Preises, dass der zu Ehrende nicht nach Aachen kommen muss. Eine Delegation macht sich auf den Weg nach Rom. Und Schulz vergisst dabei seine katholischen Wurzeln in Würselen nicht und nimmt auch Rainer Gattys mit, der derzeit als Pfarrer in St. Sebastian das Sagen hat.

In seiner Rede macht Schulz darauf aufmerksam, dass der Papst selbst ein Kind von Einwanderern ist. Seine Eltern kamen aus Italien nach Argentinien. Schulz, abermals kluger Taktiker, nutzt erneut eine große Bühne, die ihm die Laudatio auf Papst Franziskus bietet, für eigene politische Botschaften: Franziskus sei ein Leuchtturm der Hoffnung: »Er zeigt uns – und besonders jenen Regierungschefs, die sich weigern, muslimische Flüchtlinge aufzunehmen mit der Begründung, man sei ein christliches Land – was gelebte Solidarität, was Menschlichkeit heißt, wenn er nach seinem Besuch auf Lesbos drei syrischen Familien Schutz im Vatikan gewährt.«

Der 80-jährige Papst Franziskus selbst setzt sich vor allem für die Jugend ein: »Sie sind nicht die Zukunft unserer Völker, sie sind ihre Gegenwart. Wie können wir unsere jungen Menschen an diesem Aufbau Europas teilhaben lassen, wenn wir ihnen die Arbeit vorenthalten? Wenn wir ihnen keine würdigen Antworten geben, die ihnen erlauben, sich mithilfe ihrer Hände, ihrer Intelligenz und ihrer Energien zu entwickeln? Wie können wir behaupten, sie für wichtig zu halten, wenn die Quoten der Arbeitslosigkeit und der Unterbeschäftigung von Millionen von jungen Europäern ansteigen?«

Martin Schulz hat die Ohren gerade bei diesem Thema weit offen. Er weiß, dass CDU und CSU hier eine offene Flanke zeigen, tragen doch gerade diese beiden Parteien das christliche »C« – das auch für Barmherzigkeit und Nächstenliebe steht – in ihrem Namen.

Beide Unionsparteien vertreten aber mittlerweile einen eher rigiden Kurs in der Flüchtlingspolitik. Und das gilt auch für die europäische Rettungs- und Sparpolitik, in deren Folge vor allem die südlichen Länder wie Griechenland, Spanien, Italien, Portugal eine immer höhere Jugendarbeitslosigkeit zu verzeichnen haben.

Auch einen anderen Kirchenmann bewundert Martin Schulz: den Mainzer Kardinal Karl Lehmann, viele Jahre lang Vorsitzender der Deutschen Bischofskonferenz. Die Wertschätzung könnte auf Gegenseitigkeit beruhen. Lehmann wollte jedenfalls unbedingt, dass Martin Schulz die Festrede zu seinem 80. Geburtstag hält. Schulz spricht abermals über Nächstenliebe, die stärker sei als der Egoismus. Und er spricht über Glaubensverlust, der über die religiöse Ebene hinausgeht. »Warum, so frage ich mich, haben wir unseren Glauben an uns selbst verloren? Warum sind wir so verzagt geworden, wo wir doch so Großartiges erreicht haben? Warum hadern so viele mit dem politischen und gesellschaftlichen System, obschon es uns doch Frieden und Wohlstand gebracht hat? Woher kommt der Hass von manchen Menschen, denen doch im Vergleich zu allen Vorgängergenerationen ein so sicheres Leben geschenkt worden ist?«

Schulz, so scheint es, ist mit seinem ihm vermittelten »entspannten Katholizismus« und seinen Haltungen und Werten in Vielem christlichem Gedankengut näher als die beiden großen C-Parteien. Jedenfalls aus seinen Reden könnte das abgeleitet werden. Ob das auch noch in der ganz praktischer Berliner Politik eines Kanzlers Schulz so wäre, muss abgewartet werden. Noch immer und überall haben Sachzwänge Regierungschefs nach einer gewonnenen Wahl anderes Politikhandeln aufgenötigt, als man dies vor der Wahl für möglich gehalten hat.

Doch unabhängig davon, ob das so sein wird oder nicht, eines bleibt gerade beim im Wahlkampf so wichtigen Thema Flüchtlinge klar: Wer die immer nur im negativen Kontext erwähnt wie etwa Horst Seehofer und Markus Söder, darf sich nicht wundern, dass seine christliche Gesinnung angezweifelt wird. Längst rebellieren auch der CSU nahestehende Christen, die sich für Flüchtlinge einsetzen. »Wir appellieren an Sie, unbedingt von einer Rhetorik Abstand zu nehmen, die Geflüchtete in ein zwielichtiges Licht stellt«, heißt es in einem Brief von 45 Ordensoberen an Horst Seehofer. Und weiter: »Wir plädieren vielmehr dafür, die Geflüchteten zuerst als Menschen zu sehen, die als Schwestern und Brüder zu uns kommen und unsere Solidarität brauchen.« Die Franziskaner-Schwester Mirjam Schambeck verweist ganz bewusst auf den heiligen Martin, der ja auch seinen Mantel geteilt habe. »Und der hatte hinterher immer noch genug.«

Mit dem heiligen Martin ist ganz sicher nicht Martin Schulz gemeint gewesen, dessen Kanzlerkandidatur steht zum Zeitpunkt des Christenprotestes noch gar nicht fest. Dennoch nützt ihm diese immer kritischer werdende Haltung vieler Christen auch heute noch.

Die Kandidatur –
Willy Brandt, Sigmar Gabriel
und ein wenig Theater

Wenn Martin Schulz die SPD-Parteizentrale betritt, führt an Willy Brandt kein Weg vorbei. Die überlebensgroße Plastik der SPD-Legende im Atrium überragt alles und kann durchaus etwas einschüchtern. Das massive Bronzegebilde ist ein Heiligtum der SPD, es soll einladend wirken und an die größten Zeiten der Partei erinnern.

Vorbild Willy

Unter Willy Brandt hatte die Partei 1969 und 1972 über 40 Prozent der Wählerstimmen. Das erscheint für alle Ewigkeit unerreichbar. Doch nichts ist unmöglich. Es gibt ja Martin Schulz. Auch in seinem Büro steht eine Willy-Statue von einem halben Meter Höhe.

Letztlich ist Willy Brandt mit verantwortlich dafür, dass es Schulz in die Politik zieht – und 1969, bei der ersten Wahl von Brandt zum Kanzler, ist er gerade mal 14 Jahre alt. Ein

Alter, in dem politisches Interesse erst erwacht. Doch Brandt ist am Tisch der Familie schon vorher Thema: Martins Mutter Clara ereifert sich über den Lebenswandel von Willy Brandt, der am Ende dreimal verheiratet war. Ihre Kinder verteidigen die SPD-Ikone, die so viel Modernität ausstrahlt. So viel Haltung.

Der Kniefall von Willy Brandt vor dem Denkmal des Warschauer Ghettos, eine ganz spontane Geste des deutschen Kanzlers, macht den Teenager Martin Schulz endgültig zum Fan des großen deutschen Sozialdemokraten. Er erkennt die große geschichtliche Bedeutung des Moments, die Übernahme deutscher Verantwortung für millionenfachen Massenmord in Polen.

Das konstruktive Misstrauensvotum gegen Willy Brandt am 27. April 1972 erlebt Schulz wie Millionen andere als Krimi. Am Ende fehlen der CDU/CSU zwei Stimmen, um den Kanzler zu stürzen. Eine unglaubliche Spannung liegt an diesem Tag über dem Land. Der Schulunterricht an Marin Schulz' Schule fällt aus, aber in der Aula läuft ein Fernseher. Die strengen *Patres* wünschen sich den CDU-Mann Rainer Barzel an die Spitze. Aber am Ende siegt Willy Brandt – und mit ihm auch ein wenig Martin Schulz, der vor den Augen der verdatterten Lehrer sogar einen kleinen Freudentanz aufführt.

Das ist der Startschuss für Schulz' aktives politisches Engagement. Am 19. November 1972 kommt es zur vorgezogenen Bundestagswahl. Martin Schulz, mit 17 Jahren immer noch nicht wahlberechtigt, macht dennoch Wahlkampf für sein Idol in der von Künstlern gegründeten Wählerinitiative. »Mehr Demokratie wagen«, das ist auch sein Ziel. Mit 45,8 Prozent stellt die SPD die stärkste Fraktion – ein Ergebnis, das umso höher einzuschätzen ist, weil die Wahlbeteiligung

91,1 Prozent beträgt. Nie zuvor und nie danach zeigen die Deutschen ein ähnliches politisches Interesse.

Martin Schulz ist glücklich. Er weiß jetzt, wie sich Mitsiegen anfühlt. Willy Brandt ist die Figur, die ihn zur SPD zieht. Zumal Brandt als Friedensnobelpreisträger für seine Ostpolitik längst etwas über den Dingen schwebt. 40 Jahre danach darf Martin Schulz für die Europäische Union selbst den Friedensnobelpreis entgegennehmen. »Für mich war das ein bewegender Augenblick, ein Moment der Demut«, betont er gegenüber dem *Hamburger Abendblatt.* »Und es war auch Glück dabei, dass ich gerade jetzt Präsident des Europäischen Parlaments bin. Der letzte deutsche Sozialdemokrat, der dort in Oslo gestanden hat, war Willy Brandt.« Schulz auf einer geschichtlichen Linie mit seinem großen Vorbild Willy Brandt – mehr geht kaum.

Die Wahl 1972 ist eine reine »Willy-Wahl«, wie es damals heißt. Wenn ein Politiker nur mit dem Vornamen gerufen wird, hat er die höchsten Weihen der Popularität erlangt. Damals gab es auch jubelnde Willy-Rufe.

Die Parallele zu Martin Schulz im Jahr 2017 ist unverkennbar. Heute rufen sie begeistert seinen Namen. Bei seinen Vorgängern als sozialdemokratischer Kanzlerkandidat – Peer (Peer Steinbrück) und Frank (Frank-Walter Steinmeier) – wäre das undenkbar gewesen. *Tempi passati.* Jetzt lautet einer der wichtigsten SPD-Slogans: »Zeit für Martin«.

In der Tat: »Zeit für Martin«, das findet kurz zuvor auch SPD-Chef Sigmar Gabriel.

Und so bebt Ende Januar 2017 die politische Welt in Berlin: Gabriel verkündet, dass er seinem Parteigenossen Martin Schulz als Kanzlerkandidat den Vortritt lässt. Eine Entscheidung, die, wie sich bald zeigen soll, alle Karten im politischen Rennen um die Regierungsverantwortung neu mischt. Und eine Entscheidung, die nebenbei hohen Unterhaltungswert hat.

Sigmar Gabriel – Freund und Konkurrent

In der Politik wird gerne versucht, den politischen Gegner in Schubladen zu stecken, aus denen er nicht so leicht wieder herauskommt. Im Fall von Martin Schulz heißt der Stempel »Eurokrat« oder, wie Schulz es selbstironisch ausdrückt: »Eurofuzzi«.

Martin Schulz, lautet dann der Vorworf, habe keine Ahnung von der deutschen Politik. Er sitze ja seit 1994 in Brüssel und Straßburg, weltfremd und blutleer, fern von der bundesdeutschen Realität.

Einerseits stimmt das. Andererseits nicht. Seit 1999 ist Martin Schulz im SPD-Parteivorstand, er ist das dienstälteste Mitglied des SPD-Präsidiums. Er kennt die Befindlichkeiten der Bundespartei und der Partei insgesamt also genau, bekommt auch ihre Fliehkräfte über Jahrzehnte hinweg hautnah mit, erlebt den harschen Kommandoton Sigmar Gabriels. Er weiß, welche Leute link sind und welche links.

Als seine Partei bei Zustimmungswerten zwischen 20 und 25 Prozent herumkrebst – in der Zeit vor Schulz also – und die Partei am richtigen Kurs herumexperimentiert, ist Schulz oft verzweifelt. Er fordert Taten, Einsatz, Frontbesuche. So etwa auch im Zusammenhang mit den Ängsten rund um die Flüchtlingskrise: »Wir müssen zu den Leuten gehen, dahin, wo es brodelt und kocht. Die Leute sind keine Rassisten, die sind verzweifelt.«

Das klingt fast genauso, wie es Sigmar Gabriel 2009 in seiner ersten Rede als Parteichef gefordert hat: Dass die Sozialdemokraten »dahin gehen müssen, wo es brodelt, riecht und stinkt«. Schreibt da einer vom anderen ab? Gut möglich.

In jedem Fall sind sich die beiden oft einig. Und sie erheben, was in der Politik selten ist, den Anspruch, wirklich befreundet zu sein. Woher kommt diese Bindung?

Als Gabriel 2003 Gerhard Schröders Ratschlag, nach Brüssel zu gehen, nicht folgt und damit eine Spitzenkandidatur bei der Europawahl ausschlägt, ebnet er dem damals noch unbekannten Martin Schulz den Weg. Dankbarkeit ist zwar keine politische Kategorie, aber eine menschliche.

Aber ist Freundschaft auch noch möglich, wenn man um den gleichen Job konkurriert? Beim SPD-Parteitag 2015 ist Schulz so etwas wie die gute Seele: Er versucht zwischen Gabriel und seinen vielen Gegnern zu vermitteln. Schließlich muss Gabriel gut abschneiden, andernfalls würde das der Partei schaden.

Als die Juso-Vorsitzende Johanna Uekermann ohne Rücksicht auf Verluste Gabriel scharf angeht, wird Schulz zum Vermittler. Doch allen Beschwichtigungen zum Trotz kann Gabriel sein Temperament nicht zügeln. Er kanzelt die junge Politikerin als »dumme Pute« ab. In der Partei kommt das nicht gut an. Bei der anschließenden Wahl erhält der SPD-Chef mit nur 74,3 Prozent einen Denkzettel, das sind 19,9 Prozent weniger als noch bei seiner ersten Wahl zum Parteichef 2009.

Schon diese persönliche Abstrafung lässt ihn überlegen, zurückzutreten. Schulz hält ihn davon ab. Die damals schon brodelnde Frage bleibt indes, ob Gabriel für 2017 wirklich der beste Kanzlerkandidat sein würde. Noch dazu, da seine Umfragewerte niederschmetternd schlecht sind.

Martin Schulz hält sich in dieser Situation zurück und wartet auf den günstigen Moment. Gerne würde er in die deutsche Innenpolitik wechseln, aber auf eine Spitzenposition. Gleichzeitig denkt er über eine dritte Periode als Präsident des Europäischen Parlaments nach. Kommissionspräsident Jean-Claude Juncker, mit dem er bekanntermaßen gut befreundet ist, unterstützt ihn bis weit in das Jahr 2016 hinein, möchte ihn weiter in dieser Position sehen – die Fraktion der europäischen Konservativen Junckers aber nicht.

Vielleicht hätte Angela Merkel die Macht gehabt, darauf hinzuwirken, dass Schulz' Präsidentenstuhl im EU-Parlament bleibt. Aber sie kann sich nicht dazu durchringen. Aus heutiger Sicht ist das ein schwerer strategischer Fehler, denn schon bald erwächst ihr ein Konkurrent, der ihr wesentlich gefährlicher wird als der berechenbare Vizekanzler Gabriel.

Drei Tage nach der entscheidenden Kandidatenabsprache zur Unzeit zwischen den beiden SPD-Männern wird der Rücktritt von Sigmar Gabriel im *Stern* öffentlich – und bevor die Parteigremien davon erfahren hatten. Für die meisten Beobachter ist das unerwartet, ja, eine politische Sensation. Tags zuvor hatten *Bild* und *Spiegel*, normalerweise sehr gut informierte Medien, noch verkündet, Gabriel trete ganz sicher an. Offenbar hat sich Gabriel einen Spaß daraus gemacht, die Blätter, die ihm nicht immer wohlgesinnt sind, in die Irre zu führen.

Gabriel begründet seine Entscheidung für Martin Schulz unmissverständlich: »Um einen Wahlkampf wirklich erfolgreich zu führen, gibt es zwei Grundvoraussetzungen: Die Partei muss an den Kandidaten glauben und sich hinter ihm versammeln. Und der Kandidat selbst muss es mit jeder Faser seines Herzens wollen. Er muss es sozusagen als seine Lebensaufgabe ansehen, Kanzler zu werden. Beides trifft auf mich nicht in ausreichendem Maße zu.« Auf Schulz dafür umso mehr. Der Beste für diese Kandidatenaufgabe sei Martin Schulz, legt Sigmar Gabriel sich fest.

Auch private Gründe für seine Entscheidung führt Gabriel an: 2017 komme sein drittes Kind auf die Welt und er spüre immer deutlicher, dass das Leben nicht nur aus Politik bestehe, die zwar süchtig mache, aber manchmal auch zu einer abgrundtiefen Enttäuschung führe und zur großen Ernüchterung. Er wolle eine bessere Work-Life-Balance, mehr Zeit für seine Familie. »Meine Frau ist die meiste Zeit eigentlich alleinerziehende Mutter, weil ich immer irgendwo unterwegs bin. Und es ist einfach traurig, wenn man nie da ist, wenn etwas passiert. Die ersten Schritte, die ersten Worte, das Schwimmenlernen oder der Kindergeburtstag zu Hause – das alles findet in der Regel ohne mich statt. Eigentlich habe ich permanent ein schlechtes Gewissen.«

Gabriel spricht damit aus, was viele Politiker für sich behalten: Das Familienleben steht oft – oder fast immer – an zweiter Stelle. Viele Ehen sind daran gescheitert. Nicht jeder Partner hält es an der Seite eines Spitzenpolitikers aus. Die Gefahr der schleichenden Entfremdung, weil zwei Menschen in zwei extrem unterschiedlichen Welten leben, ist groß. Die Frage bleibt freilich, ob Gabriel nun als Außenminister, als der er viel reisen muss, wirklich sehr viel häufiger zu Hause ist. Womöglich sehnt er sich auch nach der meist mit diesem Amt verbundenen Popularität.

Für Martin Schulz stellen sich diese Fragen nicht. Seine beiden Kinder sind erwachsen und aus dem Haus. Und seine Frau scheint sich längst damit arrangiert zu haben, an der Seite eines, wie man im Rheinland sagt, »bekloppten« Politikjunkies zu leben. Jeden seiner Karriereschritte hat Martin Schulz mit seiner Frau abgesprochen.

Aufbruchstimmung

Als die Entscheidung gefallen ist, wirkt Sigmar Gabriel richtig gelöst, als seien ganze Gebirge von ihm abgefallen. Ihm gelingt eine Inszenierung, die dem politischen Gegner gar nicht gefällt: In der Parteizentrale, dem Willy-Brandt-Haus, wird Martin Schulz als Heilsbringer empfangen – vom Führungspersonal und vom Fußvolk der Partei gleichermaßen.

Schulz blickt in keine skeptischen, keine verkniffenen Gesichter. Junge Menschen jubeln ihm bei seiner Einstandsrede zu. Die greise SPD, die so grau und faltig geworden war und der die Mitglieder wegstarben, erscheint auf einmal jugendlich und frisch. Dieser Eindruck wird sich, wie nun bekannt, in den folgenden Tagen verfestigen und an Kraft noch zulegen.

In seiner Rede skizziert Schulz, wie er sich die neue SPD vorstellt: »Manche denken immer noch, Politik sei es, wenn man sich gegenseitig austrickse oder sich in die Kniekehlen trete: Nein! Sozialdemokratie heißt ein fairer und solidarischer Umgang miteinander.« Es ist, jenseits von Inhalten, ein anderer Ton, den er da anschlägt, ein Sound der Versöhnung. Und der scheint auch nötig, in der SPD gibt es viele Intrigen: Die Flügel bekämpfen sich oft lieber als den politischen Gegner.

Schulz beklagt den tiefen Riss in der Gesellschaft, weil die Armen nicht reicher, sondern nur zahlreicher würden. Er fordert einen neuen Ruck, eine gemeinsame Kraftanstrengung: »Die Gesellschaft zusammenführen, das ist die Kernkompetenz der SPD. Und das Zusammenführen der Gesellschaft, das ist die wichtigste Aufgabe in den nächsten Jahren, weil wir nur so stark bleiben werden, um uns gegen die Feinde der Demokratie zu wappnen.«

Wie Martin Schulz alle zusammenführen will, sagt er nicht. Aber es klingt gut, dieses Zusammenführen. Frank-Walter Steinmeier hat immer von »Kitt« gesprochen, das weiß Schulz. Und so spricht auch der davon – und meint Sportvereine, Kirchen, Nachbarschaftsinitiativen, Gewerkschaften, Betriebe, Bildungsstätten u.a.m., die Keimzellen sozialdemokratisch-bürgerlichen Lebens und Handelns.

Das Zusammenführen der eigenen Partei wird in jedem Fall erleichtert, wenn man sich gegen Gegner klar abgrenzt. Schulz weiß das und liefert noch am Tag seiner Inthronisierung als

Kandidat eine große Auswahl: Rassisten, Populisten, Extremisten, Hetzer im Internet, rechtsradikale Rattenfänger, unfähige Konzernchefs, die trotzdem Millionen von Boni abkassieren, globale Konzerne, die keine Steuern zahlen, EU-Staaten, die keine Flüchtlinge aufnehmen. Und Donald Trump.

Gerade mit Blick auf dem bei den Sozialdemokraten, aber auch in der Bevölkerung unbeliebten Trump kann Schulz viel kräftiger formulieren als die Kanzlerin, die als Regierungschefin Verantwortung trägt für erträgliche Beziehungen mit den USA. Schon jetzt wird erkennbar, dass Schulz diese größeren Freiheitsgrade gegenüber dieser »Gefahr für die Demokratie« im Wahlkampf nutzen will.

Hohe Redekunst – Oder: »Sonst hätte Martin immer weiter gequatscht«

Martin Schulz ist ein Redetalent. Und sein Redebedürfnis ist offenbar früh erkennbar. Amüsante Erzählungen seiner Mutter aus dem Familienalltag lassen das erkennen: »Wenn ich den Martin zu Bett gebracht habe, musste ich sein Mundwerk extra zu Bett bringen, sonst hätte er immer weiter gequatscht.«

Als Schulsprecher, bei den Jusos, als Bürgermeister baut Schulz seine Redefähigkeiten laufend aus. Das Gleiche gilt für seine Zeit in Europa, als er noch dazu in mehreren Sprachen unterwegs ist.

Schulz merkt früh in seinem Leben, dass er das ist, was Schauspieler und Musiker eine »Rampensau« nennen: Ein Mensch, der es genießt, vor anderen zu reden und sein Publikum zu fesseln. Einer, der ganz und gar nicht schüchtern ist und sich an sich selbst berauschen kann.

Kein Zweifel, ohne seine einnehmende und überzeugenden Art zu sprechen wäre Martin Schulz nicht der populäre

Politiker geworden, der er heute ist. Er kann mit seinem rheinischen Singsang leise und eindringlich reden, aber auch feurig und mitreißend. Und damit unterscheidet er sich deutlich von jenen vielen Politikern, die zwar Reden *halten*, aber keine Reden *leben*.

»Er kommt mir vor wie jemand, der einem in der Sahara ein Glas Kölsch reicht. Schulz fällt angenehm auf, weil wir nicht so viele gute Redner in Deutschland in der Politik haben, das Niveau ist oft unterirdisch«, sagt Birgit Lechtermann. Die Fernsehmoderatorin arbeitet heute vor allem als Medientrainerin, auch für die traditionsreiche Deutsche Rednerschule, die es seit 1978 gibt. In der trainiert sie zusammen mit Geschäftsführer Sammy Stauch auch Politiker in der Redekunst.

Die Experten haben sich ein paar Auftritte von Martin Schulz angesehen. Und sie kommen zu ähnlichen Erkenntnissen. Schulz habe einen in der deutschen Politik ungewöhnlichen bildhaften und emotionalen Stil. Er bleibe auf der Ebene des Normalsprachlichen, spicke seine Reden nicht mit Fremdwörtern. Das Banale bleibe bei ihm auch banal, so Stauch. »Er macht zwar auch ein paar handwerkliche Fehler, aber das Gesamtpaket stimmt. Schulz wirkt authentisch und allein dadurch sympathisch und vertrauenswürdig, man hört ihm gerne zu. Er gewährt Selbstoffenbarungen, gibt private Einblicke, spricht gerne von Kindern, Familie und Alltagserfahrungen und signalisiert dadurch: Ich bin nicht abgehoben.«

Die Struktur der Reden von Martin Schulz sei geschickt angelegt, findet Stauch weiter: »Er geht induktiv vor, bringt konkrete Beispiele und leitet dann auf die allgemeine Botschaft über. Viele Politiker machen das anders, nämlich deduktiv, überhäufen ihr Publikum erst mal mit Zahlen, Daten, Fakten, dann sind die meisten schon eingeschlafen. Außerdem streut Martin Schulz Pointen ein, es darf auch gelacht werden bei ihm.« Gelungenes *Storytelling* nennt man das. Oder, wie es die beiden Trainer sagen: »Lass Bilder regnen.«

Natürlich müsse im heißen Wahlkampf noch mehr Inhalt kommen, meint der Experte: »Man kann noch so eine gute Kampagne haben – wenn das Produkt nicht stimmt, merkt es der Wähler. Auch Schulz verwendet Floskeln wie ›Vertrauen schafft Zukunft‹ oder ›gesamtgesellschaftliche Aufgabe, die wir gestalten müssen‹.« Aber auch bei solchen Phrasen verliere er nie den Blickkontakt und signalisiere somit Zuwendung. Das sei ganz anders als etwa bei Helmut Schmidt, dem zweiten großen Rhetor der SPD. »Der schaute sein Gegenüber manchmal gar nicht an und konnte rüde und arrogant werden.«

Die Sprache, die Schulz spricht, erfülle zudem ein entscheidendes Kriterium: Jeder könne sie verstehen. Insgesamt sei die Redekunst von Martin Schulz viel freundlicher im Ton als die von Sigmar Gabriel, auch ein wortgewaltiger Redner.

Schulz beherrsche die Kunst der Pause, findet Lechtermann. »Er weiß, wann er die Stimme heben und senken muss und wann er eine Kunstpause setzt, damit etwas nachklingen kann. Das führt dazu, dass man sich die Kernbotschaften seiner Rede gut merken kann. Die *Keywords*, die Schlüsselbegriffe, sind einprägsam. Das alles wirkt bei ihm natürlich, nicht so mechanisch wie bei manchen Absolventen von Rhetorikseminaren. Er variiert mit der Stimme, er spielt mit ihr. Schulz lässt seine Stimme vibrieren, wenn er sich aufregt, wird sie höher. Aber prinzipiell ruht er in sich, er wirkt gefestigt. Ich bin ich und verbiege mich nicht – das strahlt er aus.«

Kein Zweifel, rhetorisch betrachtet wirkt Schulz deutlich aufgeweckter und spannender als Angela Merkel, die dann auch nie wegen ihrer großen Fähigkeiten als mitreißende Rednerin gewählt wurde. Sie hat immer schon das Bedürfnis nach Ruhe und Kontrolle befriedigt. Schulz steht demgegenüber eher für Echtheit, Leidenschaft und Aufbruch – natürlich auch deswegen, weil er der »Neue« ist, aber eben auch wegen seiner Fähigkeiten als Redner. Zumal Schulz als Vortragender auch unterhaltsam und witzig sein kann.

Eine überragende Redekunst eines Politikers kann Wahlen entscheiden. Joschka Fischer wurde zum Star der Grünen, wenn er mit seiner heiseren Stimme seine Pointen ins Publikum schleuderte. FDP-Chef Christian Lindner kann ohne Merkzettel einen ganzen Saal in Begeisterung versetzen. Parteifreund Wolfgang Kubicki von der FDP ist im Norden extrem beliebt, weil er mit seinen frechen Botschaften nicht nur auf das Hirn, sondern auf den Bauch der Menschen zielt. Franz Josef Strauß war jahrelang die Attraktion der CSU, weil er nach allen Seiten hin austeilte. Helmut Schmidt wurde »Schmidt Schnauze« genannt, weil er den politischen Gegner als intellektuell minderwertig abbürstete, wenn er Schmidts Weltsicht nicht teilte. Das war einschüchternd – und unterhaltsam. Gerhard Schröder, Sohn einer Putzfrau, hatte diese Mischung aus dem proletarischen Touch und dem nadelgestreiften Genossen der Bosse drauf. Schröder war sicher der schneidigere Redner 2005 im Wahlkampf gegen die zurückhaltende Angela Merkel. Aber nicht immer entscheidet sich der Wähler für den Lautstärkeren und Begabteren. Allein auf seine Kunst der freien Rede und seine Schlagfertigkeit kann sich Martin Schulz mit seinem politischen Programm nicht verlassen. Aber dieses Talent bereichert ihn.

Gegenwind aus Parlament und Presse

Die ersten Tage nach der Verkündung der Kanzlerkandidatur ist es erstaunlich ruhig. CDU und CSU, Grüne, FDP, Linke und auch die AfD verhalten sich so, als ob sie in einer Art

Schockstarre wären. Aber eder Politiker ist angreifbar, ein kontroverser Mann wie Martin Schulz, der im Europaparlament viel Macht an sich gezogen und sich deswegen nicht nur Freunde gemacht hat, natürlich auch.

Nach einigen Tagen kursieren dann auch die ersten Papiere, der CDU-Europaabgeordnete Herbert Reul tut sich dabei besonders hervor. Er verteilt eine Art Fleißarbeit, ein Dossier mit neun Punkten, das Schulz als geldgierigen Egomanen und Sonnenkönig des EU-Parlaments darstellt.

Eine deutliche Kampfansage. Reul kritisiert, dass Schulz im Europawahlkampf von 2014 nicht sauber zwischen seiner Rolle als Spitzenkandidat der Sozialdemokraten und der Rolle des neutralen EU-Parlamentspräsidenten getrennt habe. Bedienstete des Parlamentes seien zumindest indirekt an der Vorbereitung der Kampagnen beteiligt gewesen. Schulz habe das Twitter-Profil der Präsidentschaft des Europäischen Parlamentes zu seinem persönlichen Profil gemacht und für den Wahlkampf genutzt. Die offiziellen internationalen Dienstreisen hätten ihn zudem meist zu staatlichen und offiziellen Einrichtungen bei sozialistischen Parteien und Organisationen geführt. Die Schlussfolgerung des CDU-Mannes lautet: Der europäische Steuerzahler hat für den Wahlkampf von Schulz gezahlt, die Vermischung war unzulässig.

Mit solchen Vorwürfen sehen sich viele Spitzenpolitiker konfrontiert. Wann etwa ist Angela Merkel als Bundeskanzlerin unterwegs, wann als CDU-Vorsitzende? Die Grenzen sind fließend, die Bodyguards bleiben immer die gleichen. Bundeskanzlerin ist man eben 24 Stunden am Tag. EU-Parlamentspräsident allerdings auch.

Der nächste Vorwurf betrifft die Bevorzugung der eigenen Mitarbeiter. Schulz habe trotz der Bemühungen, in der EU-Verwaltung Einsparungen zu treffen, für seine Getreuen aus dem Kabinett fünf Stellen als Generaldirektoren oder Direktoren in der Verwaltung geschaffen. Reuls Fazit: Politischer Zugriff auf Leitungspositionen, Aushöhlung des Beamtenstatus.

Im Wahlkampf nehme Schulz, so Reul weiter, im Unterschied zu anderen EU-Kommissaren keinen unbezahlten Urlaub. Dieser Kritikpunkt ist nicht von der Hand zu weisen. 2014 bekam Martin Schulz eine Rüge vom Haushaltskontrollausschuss, weil er »zumindest indirekt die Hilfe von Parlamentsmitarbeitern« in seinem Wahlkampf genutzt habe.

Dann greift Herbert Reul seinen Kollegen als unseriösen Finanzpolitiker an, der deutsches Geld leichtfertig ausgeben wolle: Schulz sei ein »Schulden-Schulz«, weil er früher für einen Schuldentilgungsfonds in der Eurozone, eine Vergemeinschaftung von Schulden, also Eurobonds, eingetreten sei. Das ist richtig. Auf dem Gipfel der EU-Staats- und Regierungschefs am 30. Januar 2012 hatte Schulz sich unmissverständlich ausgedrückt: »Wir wollen Eurobonds. Gemeinsame Anleihen mit einem niedrigen Zinssatz können die Schuldenkrise entschärfen und das Bankensystem stabilisieren. Eurobonds sind eine mächtige Waffe gegen Spekulation und explodierende Zinsen.« Dem *Spiegel* gegenüber äußert er sich noch deutlicher: »Wir müssen die Zinslast der angeschlagenen Staaten Südeuropas verringern. Am besten ginge das mit Eurobonds.«

Eurobonds sind in Deutschland umstritten. Vor allem wird diesem Instrument nicht zu Unrecht nachgesagt, es würde zu einer Vergemeinschaftung von Schulden einzelner Staaten führen, die in den Verträgen zur gemeinsamen Währung ausdrücklich ausgeschlossen seien. Eurobonds würden damit auch die Anreize in den verschuldeten Ländern erhöhen, sich auf Kosten der anderen weiter zu verschulden, ohne dass dem Einhalt geboten werden könnte. Schulz weiß um die Skepsis der

Deutschen zu den Eurobonds. Und es mag sein, dass ihm seine Sätze im Wahlkampf vorgehalten werden. Allerdings gibt es die Eurobonds bis heute nicht.

Ein anderer Vorwurf des CDU-Mannes Reul lautet, Schulz habe Sanktionen gegen Schuldenländer wie Portugal und Spanien verhindert, indem er ihnen einen »strukturellen Dialog« statt harter Strafen anbot, damit er bei seiner Wiederwahl Stimmen aus diesen Ländern bekommt. Es kann zwar nicht bewiesen werden. Aber dass Schulz ein cleverer Politiker ist, der darbenden Staaten aus persönlichen oder übergeordneten Gründen auch gerne mal entgegenkommt, ist sicher auch nicht falsch. Und dass sie ihn dafür wählen, ist nicht verboten. So läuft das politische Geschäft.

Da waren die kürzlichen Enthüllungen des *Spiegel* um die gut versorgten »Schulz Boys«, den Hofstaat des Parlamentspräsidenten, schon brisanter. Der Vorwurf – den auch schon Reul anklingen ließ – lautete: Schulz kümmere sich gerne um die Versorgung seiner Angestellten – allerdings auf Kosten der Steuerzahler. Markus Engels, der engste Wahlkampfberater von Martin Schulz und früher sein EU-Statthalter in Berlin, habe Geld kassiert, das ihm nicht zustand. 2012 war der stellvertretende Leiter des internationalen Büros der SPD zur EU gewechselt, zu äußert lukrativen Konditionen. Neben einem Bruttogehalt von 5200 Euro bekam Engels 16 Prozent Auslandszuschlag – also monatlich 840 Euro, steuerfrei. Der vertragliche Dienstort war Brüssel, der reale Berlin. Die Dauerdienstreise für den *Spin-Doctor*, der die deutschen Journalisten betreuen sollte, war kein Betrug, sie war genehmigt. Den Wählern jedoch wird dies sicherlich sauer aufstoßen. Über 16 000 Euro strich Engels durch diese merkwürdige Konstruktion ein, die EU-Verwaltung erhob keine Einwände dagegen. Schulz machte ihn 2016 sogar zum Beamten auf Probe, Engels war offiziell für die neue Ausstellung »Erlebnis Europa« im Europäischen Haus in Berlin zuständig.

Verständlich, dass sich der politische Gegner auf so etwas stürzt: Peter Tauber, der Generalsekretär der CDU, freute sich über diese Vorlage: »Kandidat Schulz inszeniert sich als angebliches Sprachrohr des kleinen Mannes und Kämpfer für mehr Gerechtigkeit, versorgt aber seine Mitarbeiter auf Kosten der hart arbeitenden Leute.« Für Inge Gräßle, die Vorsitzende des Haushaltskontrollausschusses im Europaparlament, war die Sache klar: »Hier wurden von Anfang an Regeln missbräuchlich und zulasten des Steuerzahlers ausgelegt.«

Zur Skandalisierung eignen sich diese Vorwürfe nur bedingt, da die Parlamentsverwaltung keine Fehler von Schulz erkennen konnte: »Das Parlament hat keine Informationen darüber, dass Mitarbeiter regelwidrig versetzt oder befördert wurden.« Die Langzeitdienstreise sei für das Parlament die kostengünstigere Variante gewesen. Und weiter: »Da Herr Engels nicht zu Unrecht Zahlungen und andere Leistungen erhalten hat, gibt es keinen Anlass für die Verwaltung, die Bezüge erneut zu prüfen.« Schulz habe keine Kompetenzen überschritten. Richtig gefährlich wäre es für ihn geworden, wenn er sich selbst bereichert hätte.

Und was tat Schulz? Taktisch nicht ungeschickt vermied er eine Beteiligung an der Diskussion in der Hoffnung, dass das Feuer dann schnell wieder ausgehe.

Im Übrigen hat Martin Schulz durchaus auch »Fans« im gegnerischen Lager. »Martin Schulz ist ein anständiger Mensch«, sagt CSU-Chef Horst Seehofer außerhalb des Wahlkampfgetöses über ihn – während er ihm freilich vorher noch attestiert, er sei »gefährlich«. Manfred Weber, Chef der Konservativen im Europäischen Parlament und eher ein Mann der leisen Töne, räumt ein, gut mit Schulz zusammengearbeitet zu haben. In Hintergrundgesprächen zeigt er viel Respekt vor dem Mann, der das europäische Projekt vorangetrieben habe. EU-Kommissar Günther Oettinger will ebenfalls nicht in den Chor derjenigen einstimmen, die Martin Schulz für einen überschätzten Egozentriker halten. Er hat kein Problem damit, dass er als CDU-Mann den SPD-Kollegen lobt: »In der Demokratie muss man mit Argumenten streiten, aber ich habe vor ihm Respekt. Er ist sachkundig und ein überzeugter Europäer – deswegen werden Sie von mir über ihn nichts Schlechtes hören. Er ist ein glaubwürdiger Repräsentant der europäischen Demokratie.«.

Gut versorgt – mit Geld

Beim Geld hört in Deutschland der Spaß auf. Wer bei diesem Thema nicht integer wirkt, hat kaum Chancen, gewählt zu werden. Das Abzocker-Image kann Karrieren zerstören.

Der ehemalige Bundespräsident Christian Wulff kann davon ein Lied singen. Er ließ sich gerne mal von Wirtschaftsgrößen einladen, die er als seine Freunde betrachtete, lieh sich privat Geld für einen Hauskauf und verlor am Ende das hohe Amt, auch wenn er seinen Prozess wegen Vorteilsnahme gewann und am Ende freigesprochen wurde. Wer hierzulande einmal in den Verdacht von Korruption oder der persönlichen Bereicherung im Allgemeinen gerät, wird diesen Verdacht so schnell nicht wieder los. Auch wenn am Ende nur wenig daran ist.

Angela Merkel und Martin Schulz könnte so etwas wohl eher nicht passieren. Beide leben bescheiden, beide haben keinen großen Sinn für Luxus, ihre materiellen Ansprüche sind keineswegs üppig. Dass ein Bundeskanzler in Relation zu der immensen Verantwortung, die er trägt, schlecht bezahlt wird, ist zwar wahr – so mancher Sparkassendirektor verdient mehr –, wird aber niemals laut ausgesprochen. Ex-Kandidat Peer Steinbrück kann ein Lied davon singen. Als er in einem Interview leichtfertig davon spricht, dass Kanzler zu wenig verdienen, sind seine Chancen auf die Kanzlerschaft bald darauf dahin.

Angegriffen wird Martin Schulz allein schon deshalb, weil ein Parlamentspräsident der EU deutlich mehr verdient als eine Bundeskanzlerin. Dies ließe sich positiv so interpretieren: Der Mann will Merkels Job und bekommt künftig für mehr Verantwortung weniger Geld. Schulz wird jedoch rückwirkend für sein Gehalt kritisiert, das einem EU-Parlamentspräsident zusteht.

Rund 280 000 Euro netto soll Schulz jährlich während seiner fünfjährigen Amtszeit verdient haben. Wenn er nicht allzu viel davon ausgegeben hat, ist er längst Millionär. Schulz bezog als EU-Parlamentspräsident ein Grundgehalt (99 000 Euro brutto), eine allgemeine Kostenpauschale (51 500 Euro steuerfrei), eine Residenzzulage (44 000 Euro steuerfrei) und eine Repräsentationszulage (17 000 Euro steuerfrei). Dazu noch eine jährliche steuerfreie Sitzungspauschale von 111 000 Euro. Der Grundgedanke hinter dieser großzügigen Sitzungspauschale ist: Ein Präsident ist immer im Dienst. Trotzdem liefert sie hierzulande kein gutes Bild: Allein diese Sitzungspauschale entspräche über 200 000 Euro Bruttoverdienst eines Steuerzahlers bei einer Steuer- und Abgabenquote von 45 Prozent. Zum Vergleich: Das Bruttoeinkommen der Kanzlerin beträgt rund 290 000 Euro – netto also etwa 150 000 bis 170 000 Euro.

2014 vom Magazin *Report Mainz* auf seine steuerfreie Sitzungspauschale angesprochen, reagiert Martin Schulz unwirsch. Er bezichtigt den Reporter, schlechte Recherchearbeit betrieben zu haben. Das Internetmagazin *The European* schreibt: »Schulz kanzelte den jungen Reporter zunächst recht hochmütig und barsch ab, nach dem Motto, er habe keine Ahnung und solle erst mal lernen, sauber zu recherchieren. Und schwupps hat-

te Schulz sich auch schon umgedreht und ging weg.« Als der
junge Reporter ihm nachrief, ob er diese zusätzlichen 111 000
Euro nicht erhalten würde, habe dieser zurückgerufen: »Nein.«
Das stimme aber nicht, Schulz habe diese 111 000 Euro jedes
Jahr bezogen.

Strittig ist bis heute, ob die Recherchen dazu führten, dass
Schulz auf die Sitzungspauschale verzichtete oder ob er dies,
wie er selbst behauptete, vorher bereits angeordnet hatte. Eine
bis heute nicht ganz angenehme Geschichte für Schulz.

Das Schröder-Gen – »Du musst es wollen«

Altkanzler Schröder hat seine Partei oft gewarnt: »Wenn man
die Macht nicht wirklich will, dann glauben die Leute nicht,
dass man gut regieren kann. Man darf sich nicht zum Jagen
tragen lassen, man muss schon die anderen jagen.« Und weiter:
»Das Wichtigste ist: Du musst es wollen«.

Martin Schulz ist ein solcher Jäger, der vorangehen und
Beute machen will: In den Jagdgründen der Unentschlossenen,
der Nichtwähler, der Frustrierten, der Abgehängten, auch der
anderen Parteien. Das weiß auch der Altkanzler und es dürfte
ihn freuen. Zuletzt ist er derjenige, der 1998 mit der Abwahl
von Helmut Kohl eine Begeisterung in der Sozialdemokratie
auslöst.

Weniger allerdings dürften ihn solche Schlagzeilen erfreuen:
»Abkehr von 2010 – So entschrödert Schulz die SPD«, heißt es
am 21. Februar auf *spiegel.de*. Bei einer Arbeitnehmerkonferenz
in Bielefeld sagt Martin Schulz mit Blick auf die Agenda-Reformen etwas zerknirscht: »Auch wir haben Fehler gemacht.
Fehler zu machen ist nicht ehrenrührig. Wichtig ist: Wenn
Fehler erkannt werden, müssen sie korrigiert werden.«

Wir – das zielt auf Schröder und die SPD unter seiner Führung, die die Agenda-Reformen ins Werk gesetzt haben. Zur Erinnerung: Kanzler Schröder hält am 14. März 2003 eine Blut-Schweiß-und-Tränen-Rede im Bundestag, die Arbeitslosenquote liegt damals bei 11,3 Prozent (heute sind es 6,3): »Wir werden Leistungen des Staates kürzen, Eigenverantwortung fördern und mehr Eigenleistung von den Einzelnen fordern müssen. Und unser Grundsatz wird sein: Wir können nur das verteilen, was wir vorher erwirtschaftet haben. Alle Kräfte der Gesellschaft werden ihren Beitrag leisten müssen: Unternehmer und Arbeitnehmer, freiberuflich Tätige und Rentner. Niemand wird sich entziehen dürfen. Wir werden eine gewaltige gemeinsame Anstrengung unternehmen müssen.«

In der Folge werden Schritt für Schritt die Arbeitsmarkt- und Sozialgesetze auf den Weg gebracht, die heute für die Agenda-Reformen stehen: Das Arbeitslosengeld wird, um Anreize zu schaffen, möglichst schnell wieder einen Job anzunehmen, auf zwölf Monate verkürzt. Jede Arbeit gilt als zumutbar, auch wenn sie deutlich schlechter bezahlt ist und die Leute überqualifiziert sind. Lehnt man die Tätigkeit ab, wird die Unterstützung um 30 Prozent gekürzt. Die Grundsicherung (Hartz IV) bekommt man erst, wenn die eigenen materiellen Reserven aufgebraucht sind, das »Schonvermögen« darf bestimmte Freigrenzen nicht überschreiten, Immobilien und Autos müssen notfalls verkauft werden. Ich-AGs entstehen, Tarifverträge werden geöffnet u.a.m.

Die Reaktionen auf die Schröder-Reformen sind vor allem in der SPD verheerend, aber auch in der Bevölkerung kommen sie nicht gut. Bei vielen werden sie als neoliberales Sparprogramm, das das Land spaltet, aufgenommen, das vor allem »der Wirtschaft« nützt.

Wenn diese Maßnahmen von der CDU initiiert worden wären, wäre der Protest wohl nicht so heftig gewesen, aber ausgerechnet von der selbst ernannten Schutzmacht der kleinen Leute? Es kommt zu Montagsdemonstrationen, auf denen die »Armut per Gesetz« gegeißelt wird. In Westdeutschland gründen enttäuschte SPD-Leute die Wahlalternative Arbeit und soziale Gerechtigkeit (WASG), die später mit der SED-Nachfolgepartei PDS fusioniert und in der Linken aufgeht. Rund 150 000 Mitglieder verlassen die Partei. Dass VW-Vorstand Peter Hartz, Namensgeber einiger Elemente der Reformen, später über Lustreisen des VW-Betriebsrates stürzt, macht die Sache nicht populärer. Das weiß auch Gerhard Schröder, der dennoch freimütig bekennt: »Es gibt gelegentlich Maßnahmen, die ergriffen werden müssen und keine Begeisterung auslösen – übrigens auch nicht bei mir, aber trotzdem müssen sie gemacht werden.« Erst das Land, dann die Partei – das war seine Marschroute. Ungewöhnlich für einen Politiker, der wiedergewählt werden will.

Schulz hat das Drama damals genau beobachtet und weiß: Er darf nicht mit der Abrissbirne gegen die Agenda 2010, deren Auswirkungen u. a. durch die Einführung des Mindestlohnes schon gemindert wurden, vorgehen. Er will etwas ändern, aber er muss es behutsam tun.

Dass er damit vermintes Gelände in der SPD betritt, ist ihm bewusst. Für die einen ist das Schröder'sche Werk, das ihn die Kanzlerschaft kostete, der Weg in ein Jammertal. Für die anderen ist es die Grundvoraussetzung gewesen, um Deutschland wirtschaftlich wieder stark zu machen, wovon auch viele Arbeitnehmer bis heute profitieren. Die Partei ist in der Bewertung der Reformen immer noch tief gespalten.

Die Reform der Reformen ist also eine Gratwanderung, bei der ein SPD-Spitzenkandidat schon allein deswegen abstürzen kann, weil die Unionsparteien inzwischen die größten Fans des Schröder'schen Reformwerkes sind.

Urthema Gerechtigkeit

Es ist ein ewiges Streitthema: Was ist gerecht, vor allem in einer Wohlstandsgesellschaft wie der deutschen? Wie wird Reichtum verteilt? Leben wir in einer Gesellschaft, in der alle die gleichen Chancen haben und die Aufstieg ermöglicht? Diese Fragen bleiben aktuell, denn es zeigt sich immer wieder: Je reicher eine Gesellschaft ist, desto verbissener sind die Verteilungskämpfe.

Das *Handelsblatt* hat Martin Schulz mit einem modernen Robin Hood verglichen und ihn in Waidmannswams mit Pfeil und Bogen auf den Titel gehoben. Ist das die Erwartung an Martin Schulz? Robin Hood ist vielen sympathisch, eine romantisch räuberische Figur, ein Held der Umverteilung. Ein Wegelagerer, der die Reichen ausnimmt und den Armen gibt, ein etwas unkonventioneller Vorkämpfer für soziale Gerechtigkeit.

Wird dieses Bild Schulz gerecht? Natürlich stellt er das Thema »soziale Gerechtigkeit« in den Mittelpunkt seines Wahlkampfs. Denn erstens wird der SPD bei diesem Thema traditionell die höchste Kompetenz attestiert. Martin Schulz wird diese bewährte Stärke also durchaus noch mehr betonen, damit es ein richtiges Pfund wird. Zudem muss er als Herausforderer den größeren Koalitionspartner attackieren und den Finger in die Wunden legen. Nur, wenn er Widersprüche aufzeigt, hat er überhaupt eine Chance.

Deshalb spricht der SPD-Kandidat von »Ungleichheit und Abstiegsangst«, denn die normalen Arbeitsverhältnisse gerieten immer stärker unter Druck. Sein Bezugspunkt sind »die hart arbeitenden Menschen«. Ein geschickt ausgewählter Begriff, denn gegen diese lässt sich nichts Schlechtes sagen. Schulz vermittelt das Gefühl, er könne sich in den Malocher hineinfühlen, dabei hat er selbst nie eine schwere körperliche Arbeit ausgeübt.

Schulz will der Anwalt der »hart arbeitenden Menschen« sein und der Anwalt der Schwächeren. Gewerkschafter und Schulz rücken damit wieder näher zusammen.

Aber die Unternehmenschefs? Es gibt Bilder aus dem Jahr 2014: Ein lachender Martin Schulz mit Martin Winterkorn, dem damals mächtigen VW-Chef, der nach dem Abgasskandal 2016 tief stürzt. VW gilt, als die Bilder entstehen, als Musterunternehmen und für Schulz sind die Boni von Winterkorn, die diesem ein zeitweises Jahresgehalt von 17 Millionen Euro ermöglichten, kein Anlass für Kritik gewesen. Ganz Wahlkämpfer, sieht er das heute anders. »Wenn ein Manager etwa 200 Mal so viel verdient wie ein Angestellter, verletzt das das Gerechtigkeitsgefühl der Leute. Da ist etwas aus dem Ruder gelaufen. Wir brauchen eine gesetzliche Regelung, die den Gehaltsexzessen in den Vorstandsetagen der DAX-Konzerne einen Riegel vorschiebt.«

Mit dieser Forderung will Schulz sich auch abgrenzen: Als Christine Hohmann-Dennhardt, ehemals Richterin am Bundesverfassungsgericht und SPD-Ministerin in Hessen, ihren Vorstandsvertrag bei VW wegen Kompetenzgerangels bereits nach einem Jahr auflöst, hat sie Anspruch auf zwölf Millionen Euro Abfindung. Der Fall schadet auch den Sozialdemokraten, denn Niedersachsens SPD-Ministerpräsident Stephan Weil sitzt im VW-Aufsichtsrat und ist mitverantwortlich für diese Abfindung. Martin Schulz spricht nicht gerne darüber.

Er hat beim Thema Gerechtigkeit auch so genug zu tun. Denn es steckt voller Tücken. Im Kern dabei auch Fragen wie: Mit wem vergleichen wir uns? Ist jemand arm, wenn er nur 60 Prozent des Durchschnittslohnes bekommt? Ist die Unsicherheit der Menschen unvermeidlich, ja sogar sinnvoll – etwa, um einer modernen Gesellschaft Dynamik zu ermöglichen?

Fast jeder zweite Arbeitsvertrag, der heute unterschrieben wird, ist befristet. Gleichzeitig gibt es über eine Million offene Stellen, so viele wie nie zuvor. Auch die Zahl der sozialversicherungspflichtigen Jobs ist so hoch wie noch nie, die der jungen gemeldeten Arbeitslosen so niedrig wie noch nie. Statistisch ist also vieles in Ordnung.

Aber diese Erfolge werden durch problematische Entwicklungen begleitet: Viele Menschen haben zwei Jobs, die Zahl der prekären, unsicheren Arbeitsverhältnisse ist konstant hoch. Der Niedriglohnsektor blüht, jeder fünfte Beschäftigte arbeitet für weniger als zehn Euro pro Stunde, im Osten des Landes ist es sogar jeder dritte. Können wir schon von Armut, Ausbeutung, Elend sprechen? Und woran liegt es, dass viele Menschen im Land auf einmal nicht mehr daran glauben, dass es ihren Kindern einmal besser gehen wird?

Bei so viel Komplexität tritt man schon mal in Fallen, auch Martin Schulz. So hatte er behauptet, in der Altersgruppe zwischen 25 und 35 Jahren hätten 40 Prozent befristete Arbeitsverträge. Laut Statistischem Bundesamt sind es 2015 aber lediglich 18 Prozent, die Arbeitgeber sprechen von gar nur zwölf Prozent. Korrekt ist die Aussage so: Knapp 40 Prozent der Beschäftigten mit befristeten Verträgen sind zwischen 25 und 35 Jahre alt. Ein kleiner Unterschied. Nicht ganz so gravierend wie seinerzeit die Brutto-Netto-Verwechslung von Rudolf Scharping im Wahlkampf 1994, aber allzu häufig sollte Martin Schulz sich solche Schnitzer nicht erlauben.

Zum Schluss – 10 Gründe, warum der Kandidat gewinnen könnte

Der Wahlkampf hat begonnen. Und mit Martin Schulz scheint die Verdrossenheit der Republik wie weggeblasen. Der Zweikampf Kanzlerin gegen Kandidat elektrisiert: alle, die sich für Politik interessieren, und das werden plötzlich immer mehr; und besonders die Sozialdemokraten.

Vogel Convention Center, das Kongresszentrum in Würzburg: Die Stimmung ist euphorisch. Die SPD feiert ihren neuen Star, Plakate werden geschwenkt: »Der Schulzzug rollt«, heißt es, obwohl der Ersehnte mit dem Auto im Stau steht. »Martin Schulz MEGA« verkündet das Plakat der Jusos, ein anderes fordert: »Martin, ich will eine Regierung von dir«, ein drittes klingt international: »CSU is terrified, Schulz is on fire.« Der Kandidat zieht ein wie ein Gladiator in die Arena, drückt Hände, umarmt. Martin Schulz, so das Signal, ist zum Anfassen. Er feuert seine Fans sogar an.

Wahlkampf eben, schöne Bilder für das Fernsehen. Und doch auch mehr. Wie sonst ist der Hype um Schulz, auch jenseits seiner Partei, zu verstehen?

Am Rednerpult zeigt er, was er ist, und auch, wie er gesehen werden will – als erste Führungskraft im Staat, aber auch als eine, die mit Herz und Bauch dabei ist.

Der Begriff »Respekt« durchzieht wie ein roter Faden seine Rede. Respekt für alle, die – so sieht es Schulz – in Deutschland den Laden am Laufen halten, Busfahrer, Polizisten, Feuerwehrleute, Altenpfleger. Für alle »hart arbeitenden Menschen, die sich an die Regeln halten«. Sie seien der wahre Reichtum des Landes, das gerade einen Überschuss von 24 Milliarden erwirtschaftet hat. Den gelte es zu verteilen. Nicht nach oben, sondern in die Breite. »Wir brauchen mehr Solidarität. Die Menschen müssen enger zusammenrücken, das ist unsere Kernkompetenz seit über 150 Jahren. Seit' an Seit', die Starken helfen den Schwachen, das ist angesichts des Auseinanderdriftens unserer Gesellschaft das modernste Programm.«

Respekt, Solidarität, Zusammenrücken: Schulz weiß, wie er sozialdemokratische Gemüter befriedigt. So auch im bayerischen Vilshofen, beim politischen Aschermittwoch. Dort das gleiche Bild. Andrang, Leidenschaft, Jubel. 5000 Leute kommen, in mehr als 50 Sonderbussen. »Martin, Martin« wird im Saal gerufen, große rote Karten mit »Zeit für Martin« und »Jetzt ist Schulz« liegen auf allen Tischen. Der österreichische Bundeskanzler Christian Kern tritt als »Vorband« auf und prophezeit Schulz, dass auch er bald dieses Amt bekleiden wird: »Schmidt, Schröder, Schulz – das hört sich logisch an. Bald gibt es nicht nur in Wien einen sozialdemokratischen Bundeskanzler. Das ist kein Strohfeuer um Martin Schulz, es wird noch höher und heller lodern.«

Auch Norbert und Ute Fritsch sind begeistert. Beide sind Schuldirektoren in Pension, aber sie tragen ein Popart-T-Shirt mit dem Schulz-Konterfei, das sie von den Jusos in Regensburg geschenkt bekamen. Warum so ein Leuchten in den Augen?

»Der Mann steht für das, was wir in der SPD schon lange wollen, aber vor ihm hat man es uns nicht abgenommen. Er überzeugt auch Menschen, die gesagt haben: Die SPD ist tot«, sagt Ute Fritsch.

Dann betritt der Kandidat selbst die Bühne. Lacht, winkt, gibt sich kämpferisch, streichelt wieder seine Leute, aber – schon ganz moralischer Staatsmann: Er mahnt auch. »Wissen wir noch, wie sich die Menschen in diesem Land fühlen? Wir müssen das wieder spüren! Wie ist das, wenn du nachts wach wirst und nicht weißt, wie das werden soll?«

Mahnende Worte. Aber solche Worte, und auch Worte wie Respekt, Solidarität, Zusammenrücken, werden allein nicht genügen, um Angela Merkel niederzuringen. Auch Säle voller jubelnder Sozialdemokraten reichen nicht aus.

Und gilt auch doch: Es zeigt sich eine bis vor Kurzem noch kaum erwartete Chance. Martin Schulz ist, wie so oft in seinem Leben, zum richtigen Zeitpunkt am richtigen Ort. Er könnte jener Kandidat sein, der die »ewige Kanzlerin« im September zu Fall bringt.

Bis dahin kann noch viel passieren. Das weiß nicht zuletzt die Amtsinhaberin, und das weiß auch ihr Herausforderer. Schon jetzt aber lohnt es, (fast) am Ende dieses Buches einmal zusammenzufassen, welche Gründe denn im Einzelnen dafür sprechen könnten, dass es im Herbst dann heißt: Bundeskanzler Martin Schulz.

1. Grund:
Überdruss und Neugier

Es ist eine Erfahrung, die auch Konrad Adenauer und Helmut Kohl machen mussten: Irgendwann hatten sich die Menschen trotz aller Verdienste an ihren Gesichtern und ihrem Politikstil sattgesehen.

In den USA hat man die heilsame Regelung, dass ein Präsident nur zwei Legislaturperioden amtieren darf. Wer für beide gewählt wird, ist am Ende erschöpft, denn das höchste Regierungsamt erfordert übermenschliche Anstrengungen.

Auch als Bundeskanzlerin altert man schnell, weiß Angela Merkel. Zwar verschleißt die Macht vor allem auch diejenigen, die sie nicht haben. Doch ein Regierungschef steht unter ständiger Beobachtung, ist in immerwährender Habachtstellung. Kanzlerin ist man 24 Stunden am Tag.

Die Anforderungen in der schnelllebigen Internetgesellschaft sind zudem weitaus höher als zu Bonner Zeiten. Das ermüdet ebenso wie die vielen Konferenzen. Erfahrung ist da zwar energiesparend, aber wann schlägt Erfahrung in Ermattung um? Wann schwindet – völlig menschlich – die Konzentration?

Angela Merkel hat lange überlegt, ob sie noch einmal kandidieren soll. Sie hängt, so der Eindruck jener, die sie näher kennen, nicht in dem Maße an der Macht wie etwa Helmut Kohl. Sie kann sich auch ein anderes Leben vorstellen – anders auch hier als Kohl, der sich für unersetzlich hielt.

Martin Schulz dagegen bekleidet erst seit 2012 eine Spitzenposition, hat die aber größtenteils im Schatten der deutschen Öffentlichkeit ausfüllen können. In die Tagesschau kam er damit nur selten. Deshalb wirkt er frischer, ausgeruhter, konzentrierter, angriffslustiger. Während Merkel bis zum Überdruss präsent war und ist, erweckt Schulz Neugier. In einer Multioptionsgesellschaft, die Abwechslung gewohnt ist und in der schnell Langeweile empfunden wird, ist das ein großer Vorteil.

2. Grund:
Richtig im Zyklus

Es gibt Zyklen in der Politik, auch mit Blick auf ihr Spitzenpersonal. In einem Zyklus etwa ist Entschlossenheit und Basta-Politik gefragt (Schröder), im nächsten Sachlichkeit und Pragmatismus (Merkel), im dritten womöglich Echtheit, Begeisterung und Kampfgeist (Schulz?).

Schulz spielt die Karte der Echtheit und Leidenschaft sehr geschickt aus, wenn er die Kanzlerin attackiert: Er wirkt warmherziger und mitfühlender als sie, sie erscheint kälter, weil rationaler. Ist der deswegen gerade heute die bessere Alternative?

Der Kandidat kennt diese Schwachstelle der Kanzlerin und greift sie an: »Ich vermisse bei den amtierenden Regierungschefs in Europa die Leidenschaftlichkeit. Frau Merkel ist zu technokratisch, sie nimmt ihr eigenes Volk in der Krise nicht mit.«

Merkels Amtsvorgänger waren auf ihre Art auch Menschen, die ihre Emotionen zeigten. Selbst der kühle Helmut Schmidt tat das, etwa bei der Entführung der Lufthansa-Maschine »Landshut« durch RAF-Terroristen. Oder Helmut Kohl, der auch seine Gefühle nicht verbarg, vor allem nicht bei der Wiedervereinigung.

In Abgrenzung zu Merkel empfiehlt sich Schulz als Kandidat des Herzens: »Nach meinem Verständnis muss ein Bundeskanzler für die Alltagssorgen, für die Hoffnungen wie für die Ängste der Menschen nicht nur Verständnis, sondern tiefe Empathie empfinden. Sonst ist er oder sie fehl am Platz.«

Kein Zweifel, Angela Merkel würde so etwas kaum sagen. Und doch scheinen sich die Menschen nun nach dieser Empathie zu sehnen. Zeit für einen Neuen im Kanzler-Zyklus?

3. Grund:
Sprache des »demokratischen Populisten«

Noch einmal das Thema Gefühl und Bauch: Martin Schulz macht keinen Hehl daraus, dass er die Menschen auch in seiner Sprache mit Leidenschaft und Herz erreichen will. Das ist legitim, findet auch Heribert Prantl in der *Süddeutschen Zeitung*: »Schulz hat das, was Angela Merkel fehlt: Er hat den Überschwang, das Feuer, die Begeisterung. Schulz ist einer, der die Emotionen nicht den Extremisten überlässt.« Ein guter Politiker sei nicht selten auch ein guter Populist, gerade weil er seine Politik verständlich kommunizieren müsse. Schulz sei ein demokratischer Populist. Als solcher appelliere er an Kopf und Herz, ein populistischer Extremist hingegen an niedrige Instinkte. »Das ist der Unterschied, und an der Person von Schulz kann man diesen Unterschied gut studieren.«

Wer Schulz erlebt, versteht: Die temperamentvolle Art, in der er spricht und agiert, kann Menschen berühren. Sie entlarvt gleichzeitig Merkels Schwächen. In ihrer etwas eintönigen Stimme verfügt sie nicht über jene sprachliche und emotionale Ausdrucksbreite wie Schulz.

4. Grund:
Unangefochten und geschlossen

So etwas hat die SPD lange nicht mehr erlebt: dass alle hinter dem Spitzenkandidaten stehen und ihm die Macht gönnen. Martin Schulz ist nun beides: SPD-Vorsitzender und Kanzlerkandidat. Der Letzte, für den das galt, war Gerhard Schröder – auch ein Sieger.

Frank-Walter Steinmeier, der Architekt der Agenda 2010, und Peer Steinbrück, der rechte Sozialdemokrat, hatten als Kanzlerkandidaten immer innerparteiliche Gegner und Probleme mit dem linken Flügel.

Martin Schulz scheint in beiden Lagern der Partei beliebt zu sein. Offenbar hat das auch mit seinem Führungsstil zu tun: Er respektiert jeden und macht klar, dass er wichtig und sein Beitrag erwünscht ist. Der Chef scheint darin ein echtes Vorbild sein zu wollen.

Und dieses Verhalten dürfte zur Geschlossenheit beitragen. Eine Geschlossenheit im Übrigen, die für eine streitlustige Partei wie die SPD eine Rarität ist.

Angela Merkel sitzt vordergründig ähnlich fest im Sessel wie Martin Schulz. Aber hinter ihrem Rücken wird gemunkelt, junge Rebellen wie Jens Spahn liefen sich warm. Für nicht wenige in der Partei ist sie am Ende ihrer Karriere angelangt. Sie ist die Alte.

5. Grund:
Mobilisierung und Begeisterung

Wie verliert man Wahlen? Indem man die eigenen Leute nicht an die Urne bringt, weil die meinen, dass die Wahl chancenlos sei oder schon gelaufen. Die SPD scheint diesmal kein Mobilisierungsproblem zu haben. Sie hat sich programmatisch wieder unterscheidbar gemacht. Sie setzt auf »ihre« Themen soziale Gerechtigkeit, gesellschaftlicher Zusammenhalt und Aufbruch. Die Verwechslungsgefahr mit der CDU ist kaum mehr da.

Ein klares Profil bringt dabei auch weitere Vorteile: Allein in den ersten fünf Wochen nach der Bekanntgabe der Schulz-Kandidatur traten 10 000 neue Parteimitglieder ein, rund 40 Prozent davon jünger als 35 Jahre. Das tut einer Partei, die wie alle anderen Volksparteien an starker Überalterung leidet, sehr gut. Die SPD ist jetzt mit rund 440 000 Mitgliedern wieder klar die stärkste Partei in Deutschland.

Mit Martin Schulz erkennen Menschen nun plötzlich einen Sinn darin, sich erneut oder erstmals bei der SPD zu engagieren und eine Sensation zu schaffen. Die Aussicht, womöglich im September bei den Siegern zu sein und an etwas Großem teilzuhaben, wird weitere Menschen zur SPD bringen. »Da simmer dabei«, meint Walter Schulz, der ältere Bruder von Martin, der in der Kölner SPD für ihn kämpft. Das Gefühl, Teil von etwas Historischem zu sein, kann Berge versetzen.

CDU und CSU dagegen fällt die Mobilisierung schwerer. Angela Merkel hat noch nie große Begeisterung geweckt, allenfalls wurde ihr großer Respekt für ihre Staatskunst entgegengebracht. Ob Merkels Renommee ausreicht und ob sie ihre Getreuen so mobilisieren kann, wie es angesichts der Stärken und Dynamik ihres Gegners wohl nötig ist? Sie wirkt zögerlich und geschwächt im Vergleich zu früheren Jahren.

6. Grund:
Krieg der Schwestern

Der Unterschied war groß: Während Martin Schulz in einer himmelhoch jauchzenden Stimmung in der SPD-Parteizentrale seine erste feurige Rede hielt, wirkte Angela Merkel bei ihrer Bekanntgabe der Kandidatur seltsam uninspiriert.

Noch matter und distanzierter erschien sie, als sie mit Horst Seehofer eine Pressekonferenz geben musste, nachdem auch die CSU sie »endlich« auch zu ihrer Kanzlerkandidatin erkoren hatte. Keine Spur von Vorfreude auf den Wahlkampf wie bei Schulz.

Kein Wunder: Das Verhältnis ist zerrüttet. Seit September 2015 attackiert Horst Seehofer die Kanzlerin immer wieder für ihre Flüchtlingspolitik. Er wirft ihr eine »Herrschaft des Unrechts« vor und droht damit, sie zu verklagen. Er besteht auf Flüchtlingsobergrenzen – obwohl er genau weiß, dass das von der Verfassung her kaum durchzusetzen ist. Seehofers Erpressung, keinen Koalitionsvertrag zu unterschreiben, wenn die Obergrenze nicht kommt, lastet jetzt als Wahlkampfhypothek auf Merkel, die Seehofers Bitte klar ablehnt.

Das ist keine kleine Meinungsverschiedenheit mehr, hier geht es ans Eingemachte. Es kann sein, dass sich die beiden Parteien zusammenreißen und noch einen anständigen Wahlkampf zustande bringen, doch wie CDU und CSU auf diese Weise den Wähler begeistern wollen, bleibt ihr Geheimnis. Das Argument des kleineren Übels im Vergleich zu einer linken Regierung kann natürlich wirken, überzeugt aber nicht sonderlich.

Schon ist aus der CSU der Satz zu hören, dass nicht das neue Gesicht von Schulz das Problem sei, sondern das alte Gesicht von Merkel: misstrauisch, leicht genervt, sauertöpfisch. Keine gute Basis für gedeihliche Zusammenarbeit.

7. Grund: Lebensgeschichten

Politiker müssen heute eine Erzählung von sich haben, eine Story ihres Lebens, nachvollziehbar für alle, auch für die Menschen, die sich wenig für Politik interessieren und nach Sympathie urteilen.

Bei Angela Merkel ist es die großartige Geschichte von einer wohlgeratenen und behüteten Pastorentochter, die in der

DDR aufwächst und sich dank ihrer Intelligenz in den unpolitischen naturwissenschaftlichen Teil der Diktatur rettet: Sie wird Physikerin und kann forschen, ohne gequält zu werden. Als »Kohls Mädchen« wird sie Ministerin, emanzipiert sich in der CDU-Parteispendenaffäre von ihm und steigt 2005 zur Kanzlerin auf. Auf sanfte Art schaltet sie alle männlichen Konkurrenten dabei aus. Ein deutsches Aufstiegsmärchen. Aber es gibt kaum Abgründe im Leben der Kanzlerin, keine emotionalen Verwerfungen, keine Krisen, kaum Informationen über Privates, vor allem sehr viel Beflissenheit und taktische Klugheit.

Was für ein Unterschied zu Martin Schulz. Er hat eine Biografie mit Kanten und seelischen Abgründen anzubieten, abgebrochene Schule, überwundene Alkoholsucht, erfolgreicher Buchhändler, Bürgermeister einer Kleinstadt, Entertainer-Qualitäten – das pralle Leben in all seinen Wendungen nach unten und nach oben. Ab und zu lässt er einen in sein Herz blicken, ohne es auszuschütten. Seine Abstürze, seinen Willen, diese zu überwinden, und seine große Nahbarkeit nehmen viele Menschen für ihn ein.

8. Grund:
Gift von rechts

In einigen Teilen der Bevölkerung gibt es mittlerweile eine aggressive Stimmung gegen die Kanzlerin, seit sie im September 2015 »ohne Not«, wie manche meinen, viele Tausend Flüchtlinge ins Land gelassen hat. Der maßlose Schlachtruf »Merkel muss weg«, der nicht nur auf Pegida-Demonstrationen immer wieder gebrüllt wird, hat sich seither bis in bürgerliche Kreise hineingefressen. Die Kanzlerin, die als mächtigste Politikerin der Welt international gefeiert wurde, muss sich zu Hause nun nicht selten als »Volksverräterin« beschimpfen lassen.

Von rechtsradikalen Schmährufen gegen Martin Schulz ist wenig bekannt. Sein Vorteil: Niemand kann wirklich schreien: »Schulz muss weg«, weil er noch gar nicht wirklich da ist. In der Flüchtlingspolitik ist er sich zwar mit Merkel weitgehend einig und stützt die Kanzlerin, aber dafür wird er kaum in Haftung genommen. Und obwohl er klare Kante gegen Ausländerfeindlichkeit zeigt, zieht er deswegen kaum Aggression auf sich. Im Gegenteil, er scheint einen Teil der Merkel-Antipathie abfangen und in Zustimmung für sich umwandeln zu können. Das sieht nach Schlachtenglück aus.

9. Grund:
Frauenversteher

Bei Gerhard Schröder war die Sache klar: Die einen Frauen wählten ihn, weil sie seine politische Richtung teilten. Und die anderen, weil er ein echter Kerl war. Er sah besser aus als Helmut Kohl und verkörperte etwas Ungestümes und Abenteuerliches, das viele Frauen mochten.

Welche Vorstellung von Martin Schulz haben Frauen? Ein *Womanizer* wie Schröder mit seinen vielen Ehen ist Schulz zunächst einmal nicht. Frauen dürften in ihm eher einen Vatertypen erkennen, dem sie etwas anvertrauen würden. Auch einen, bei dem sie sich ausweinen könnten, weil ihm persönliche Katastrophen nicht fremd sind. So gesehen dürfte Schulz für sie für Verlässlichkeit und Wärme stehen.

Umso mehr, als nun immer bekannter wird, dass Schulz seine Frau Inge immer wieder auch öffentlich und im halböffentlichen Raum zärtlich erwähnt. Ihm könnte man zutrauen, dass er noch einen echten Liebesbrief schreibt, in Tinte und voller Poesie. Schulz wirkt so gesehen wie ein Frauenversteher, der auf der Höhe der Zeit ist und nicht patriarchalischen Zuständen hinterhertrauert.

Schulz weiß im Übrigen, dass er auf die Frauen schon im eigenen politischen Interesse besonders zu achten hat – weil mehr Frauen wahlberechtigt sind als Männer und weil sie zwar traditionell politisch weniger interessiert, aber durchaus ansprechbar sind. Zum Internationalen Frauentag verspricht der SPD-Kandidat dann auch schon mal, dass die SPD-Ministerien im Falle seiner Wahl paritätisch besetzt werden, zur Hälfte also mit Frauen.

10. Grund:
Internethype mit Humor

Es klingt heute antiquiert, aber: Gerhard Schröder war sich sicher, worauf es bei Wahlen ankommt. »Bild, BamS, Glotze« seien entscheidend, mehr brauche er nicht auf der medialen Seite.

Mit dem Internet fremdelte der Altkanzler. Dessen Bedeutung ist seither aber massiv gewachsen. Schulz gehört nicht zu den Internetfreaks, aber er hat ein paar von ihnen um sich geschart. Das Internet und die Art und Weise, wie soziale Medien genutzt werden, können Wahlen entscheiden. Das ist spätestens seit Donald Trump und seinem »Trump Train« bekannt. Ohne Facebook, Twitter & Co werden heute bestimmte Wählergruppen nicht mehr erreicht, weil sie keine Zeitung mehr lesen, nicht mehr fernsehen.

Da fügt es sich vorteilhaft, dass die Figur Martin Schulz im Netz gute Karten zu haben scheint. Schnell gibt es einen Hype um ihn auf der Seite »the_schulz«, die als eine Art Gegengift zu Donald Trump (the_donald) angelegt ist. Schulz wird dort als Robin Hood dargestellt – in jener blauroten Hope-Optik, mit der Obama zum Popstar der Politik inszeniert wurde. Eine echte Spaßguerilla ist da am Werk. »Der Schulzzug fährt hochenergetisch«, heißt es da etwa, und »Gottkanzler Schulz« wird gefeiert. Das Schulzzuglied, von den »Schulzenbrothers« komponiert, klingt so: »Glück auf, Glück auf! Der Schulz-Zug rollt! Und er hat keine Bremsen! Er fährt mit voller Kraft ins Kanzleramt!« Immer wieder wird dieses Motiv ergänzt: »Der Schulz-Express wurde soeben um 593 km/h schneller und ist jetzt 1 488 999 km/h schnell. Reiseziel: Berlin Bundeskanzleramt. Halte währenddessen: keine.«

Schöne Satire – und für Schulz ein gutes Zeichen. Denn nur die wirklich Wichtigen werden Thema von Satire. Auch im Netzwerk Reddit wird Schulz gefeiert. Es gibt dort Sloganvorschläge wie Make Europa Great Again, abgekürzt MEGA – zu verstehen als Antwort auf Donald Trumps MAGA – Make America Great Again.

Angela Merkel hat zwar im Februar 2017 rund 2,3 Millionen Fans bei Facebook. Es ist auch anzunehmen, dass sie sich technisch besser mit Internet und sozialen Medien auskennt als ihr Herausforderer. Aber sie ist dort keine Kultfigur. In ihrer Funktion als Kanzlerin schenkt sie ihren Fans zwar digitale Mitteilungen, über sie als Mensch aber erfährt man wenig von ihr.

Martin Schulz will das anders halten. Bei Twitter hat er im März schon über 300 000 Follower, Tendenz stark steigend. Am Tag seiner Nominierung twitterte er: »Ein irres Gefühl ... Ich danke euch. Für das Vertrauen. Für die Unterstützung. Für diesen Tag: Danke. Und ab morgen heizen wir den Schwarzen ein.«

Anhang – Familie und Sympathisanten, Wegbegleiter und Gegner: Kurzinterviews zu Martin Schulz

Kraftquellen – Ein Gespräch mit Doris Harst, Schwester von Martin Schulz

Sie ist Hobbypolitikerin seit 35 Jahren, in Würselen kennt sie jeder: Doris Harst, Urgestein der örtlichen SPD und Schwester von Martin Schulz, mit dem sie auch eine Zeit lang gemeinsam im Stadtrat saß. Ohne ihre Tipps wäre er auf lokaler Ebene nicht so schnell durchgestartet.

Woher kommt diese Lust auf Politik in der Familie Schulz?
Unsere Mutter war zwar Mitglied in der CDU, vertrat dort aber die sozialpolitische Linie, nicht die erzkonservative. In jedem Fall wurden wir durch sie voll und ganz politisch. Sie liebte

das offene Wort und hat uns dazu erzogen. So diskutierten wir oft, irgendwie eine Familientradition. Mein Großvater saß auch schon im Stadtrat, der Bruder meiner Mutter ebenfalls.

Welches Verhältnis hat Ihr Bruder zu seiner Familie?
Ein sehr enges. Wir halten alle ganz fest zusammen. Wir sind ein Clan und haben ihn immer unterstützt, aber er gibt uns auch viel zurück. Martin hat uns oft zu besonderen Anlässen eingeladen, etwa als er den Aachener Karlspreis oder das Bundesverdienstkreuz 1. Klasse verliehen bekam. Oder von Nicolas Sarkozy den Orden *Offizier der französischen Ehrenlegion*.

Warum sieht man so wenig von seiner Frau?
Weil sie sich immer primär durch ihren Beruf als Landschaftsgärtnerin definierte, nicht als Ehefrau von Martin Schulz. So ist sie geistig sehr eigenständig geblieben. Aber: Meine Schwägerin scheut zwar die Öffentlichkeit, dennoch steht sie zu 100 Prozent zu ihrem Mann. Und sie fängt ihn auf, wenn er nach Hause kommt. Dafür hat sie jetzt auch ihren Beruf zurückgestellt. Sie möchte mehr Zeit mit ihm verbringen und ihn so noch mehr unterstützen.

Zu Ihrem Bruder gehört auch sein Bart. Möchten Sie ihn auch mal ohne sehen?
Nein, in keinem Fall, er ist ein Teil von Martin. Aber ich weiß, dass er, wie wir alle, feine Gesichtszüge hat. Wir hatten sehr attraktive Eltern – die uns im Übrigen immer auch großen Mut vorlebten.

Fällt Ihnen dazu ein Beispiel ein?
Als ein Lehrer drohte, Martins lange Haare abzuschneiden, ging meine Mutter zu ihm und drohte ihm mit einer Anzeige

wegen Körperverletzung. Ihre Argumentation war eindrucksvoll, sinngemäß: »Unterstehen Sie sich, meinen Sohn anzufassen. Wenn seiner Familie seine Haare gefallen, haben Sie Ihnen erst recht zu gefallen.« Meine Mutter konnte eine Löwin sein, wenn es um ihre Kinder ging. Solche Courage war damals selten, im Gegenteil: Die meisten Eltern stellten sich auf die Seite der Obrigkeit.

War die lange und glückliche Ehe Ihrer Eltern ein Vorbild für Martin Schulz?
Ja, für uns alle, für alle fünf Geschwister. Martin kennt den Wert von Familie. Seine Frau Inge liebt und verehrt er bis heute sehr. Ähnlich wie er das bei unseren Eltern erlebte. Und wenn er nach Hause kam, als seine Kinder noch klein waren, hat er sich sehr intensiv um sie gekümmert. Natürlich war Inge die meiste Zeit alleinerziehend. An der Seite eines Politikers, der viel reist, ist das kaum anders möglich. Dennoch tat Martin in Sachen Kindererziehung, was er konnte, und dies mit viel Liebe und Zuwendung.

Haben Sie Angst, dass Ihr Bruder noch einmal einen Alkoholrückfall hat?
Nein, dafür kenne ich ihn zu gut. Er ist eisern diszipliniert – wie man im Übrigen jetzt auch wieder erleben konnte, als er sich sein kleines Bäuchlein abtrainierte. Martin beißt sich durch, das hat er oft bewiesen. Gerade, wenn es darauf ankommt.

Was macht Ihren Bruder aus?
Er hat keine Angst, ist absolut unerschrocken. Und er ist konsequent, siehe das Bauch-Beispiel eben. Wenn er etwas wirklich will, spürt er das in jeder Faser seiner Herzens, und er zieht das dann auch durch. Nicht nur in Sachen Alkohol, sondern

auch politisch. Und noch etwas: Er wird von zwei Familien unterstützt: Von seinen vier Geschwistern und seiner eigenen Familie, also von Inge, Lina und Nico. Dort wird ihm klar gezeigt, dass er zu Hause nicht Präsident oder Kanzlerkandidat ist, sondern »nur« ein geschätztes Familienmitglied.

Kein Problem für ihn?
Nein, das akzeptiert er. Familienfeste lässt er so gut wie nie aus. Und wenn meine Enkelin im Unterricht Europa durchnimmt, kommt er in die Grundschule und lässt sich von den Kindern befragen. Er kann sehr gut mit Kindern umgehen, die blühen bei ihm auf. Eine eher linkische Reaktion wie bei Angela Merkel, als sie bei einer Diskussion, die ja im Fernsehen zu sehen war, das weinende Flüchtlingsmädchen trösten wollte, wäre ihm nicht passiert. Er hätte das Mädchen in den Arm genommen.

Sie saßen elf Jahre gemeinsam mit ihm im Rat der Stadt. Wurden Sie manchmal für ihn haftbar gemacht?
Ja, es kam vor, dass ich Prügel abbekam und mancher sein Mütchen an mir kühlte, obwohl er eigentlich Martin meinte. Erst als er weg war, erhielt ich bessere Wahlergebnisse. Da spürten die Leute dann wohl im Nachhinein, was sie an ihm gehabt hatten. Und ich profitierte davon.

Wollte er unbedingt Bürgermeister werden?
Überhaupt nicht. Martin war vielmehr überrascht, dass man so einem jungen linken Mann wie ihm das Amt zutraute und antrug. Er hatte aber mit dem vorherigen Bürgermeister einen Mentor. Und der ging mit ihm originelle Wege. So zog er mit ihm eine Saison lang durch den Karneval, die beiden spielten Lehrherr und Lehrling, und Martin brachte die Säle zum

Lachen. Das ist im Übrigen eines seiner Erfolgsgeheimnisse. Wer andere zum Lachen bringt, den mag man. Das gilt auch für Martin. Er kann Geschichten erzählen, da liegen Sie unter dem Tisch. Wir können sie synchron mitsprechen – und lachen trotzdem noch. Martin singt auch sehr gerne – zum Beispiel Arien aus Operetten. Wir sind ja eine sehr musikalische Familie. Mein Vater spielte Geige im Orchester, bis er weit über 80 Jahre alt war.

Ihm wird Machthunger nachgesagt ...
Na und? Ein Spitzenpolitiker muss den haben. Angela Merkel hat ihn auch, sie zeigt ihn nur anders. Ich habe große Hochachtung vor ihr, aber mein Bruder ist der bessere Kandidat. Im Übrigen muss ich mich manchmal kneifen, ob das wirklich alles wahr ist. Als Kind dachte ich oft, dass Spitzenpolitiker von anderen Tellern essen und etwas ganz Besonderes sind. Martin hat mich von diesem Glauben befreit. Schauen Sie sich mal um, welche Leute derzeit an der Spitze von Staaten stehen oder dort hinstreben. Dann weiß man, was man an ihm hat.

Der fähige Mensch beginnt nicht beim Abitur – Ein Gespräch mit Simone Fleischmann, Lehrerverbandspräsidentin

Sie kämpft für eine bessere Schule und mehr Respekt gegenüber ungewöhnlichen Karrieren: Simone Fleischmann, früher Schulleiterin an einer Grund- und Hauptschule, heute Präsidentin des Bayerischen Lehrerinnen- und Lehrerverbandes BLLV, ist parteipolitisch neutral, aber den Aufstieg von Martin Schulz findet sie spannend.

Kann ein Mensch ohne Abitur aus Lehrersicht Kanzler werden?

Natürlich. Der fähige Mensch beginnt ja nicht beim Abitur. Warum soll ein gebildeter Schulabbrecher nicht Kanzler werden können? Es geht doch darum, welche Kompetenz er hat und welche Kompetenz die Schule abbildet. Ich selbst bin als Akademikerin mit einem Malermeister verheiratet und muss mich schon dafür rechtfertigen, das ist eigentlich unverschämt. Wenn wir nicht aufhören, in Kästchen zu denken, verspielen wir unsere Zukunft. Und wir verletzen andere Menschen.

Ist aber Schulz mit seiner gebrochenen Bildungsbiografie nicht ein schlechtes Vorbild für Schüler? Manche könnten dann ihre Faulheit mit dem Argument rechtfertigen: »Wird schon werden, aus Schulz ist ja auch was geworden«.

Ach was. So platt denken Schüler nicht. Sie denken über etwas anderes nach: Darf man im Leben nicht auch einmal scheitern? Kann man aus einem *Break* denn nicht Entscheidendes lernen, die berühmten *Soft Skills* für ein gelungenes Leben? Sind nur Menschen etwas wert, die immer auf der linken Spur fahren? Wir müssen uns lösen von dieser primitiven Einordnung: Da sind die Guten mit Abitur, die irgendwie Mittelmäßigen mit mittlerer Reife, die Unbegabten mit dem Hauptschulabschluss, und dann kommen noch die Förderschüler.

Schulz ist zweimal durchgefallen. In einigen Fächern war er schlecht, in anderen richtig gut ...

Wir als Lehrerverband sind gegen das Durchfallen, gegen das Aussondern. Mit gezielter Nachhilfe in den Problemfächern, die der Staat bereitstellen muss, wäre viel getan. Die Schüler fühlen sich bisher als Versager und »faules Ei«, kriegen einen Stempel als Loser aufgedrückt. Gerade Jugendliche sind da schnell mit einem Etikett, das sich nach der schulischen Degradierung richtet. Der Absturz von Schulz nach der Schullaufbahn zeigt ja, wie gefährlich so etwas ist.

Immerhin, er hatte einen Lehrer, der an ihn glaubte.
Das ist so wichtig! Beziehung *first*! In dem Moment, in dem jemand an einen glaubt, geht die Leistung oft nach oben. Dass sich Schulz fünf Sprachen beigebracht hat, zeigt ja, dass er viel drauf hatte. Er hat nicht nach Lehrplan gelernt, sondern nach echtem Interesse. Das allein zeigt, was es bedeutet, sich selbst auf den Weg zu machen.

Wird Schulbildung überschätzt?
Klar ist: Schulbildung liefert nicht immer das, was man im Leben wirklich braucht. Die Kinder wollen leben lernen, nicht Lehrplänen genügen. Sie wollen nach Phänomen lernen und nicht in Fächerschubladen. Und es gibt viele *Highperformer* in Nischen, die kein Abitur haben. Sie überzeugen mit Selbstironie: Kürzlich las ich auf einem Porsche Cayenne den Aufkleber »Hauptschulabschluss 1990«. Das gefiel mir sehr.

Er beschönigt nichts, das ist gut –
Ein Gespräch mit Bernd Thränhardt,
Anti-Alkohol-Coach

Bernd Thränhardt, Bruder von Ex-Weltklasse-Hochspringer Carlo Thränhardt und Buchautor, war selbst lange der deutschen Volksdroge verfallen und wie Schulz selbst kurz davor, sich das Leben zu nehmen. Heute ist er »trocken« und bietet Suchtberatung an – auch für Führungskräfte. Er nennt sich, ein wenig ironisch, »Trocken-Doc«.

Wie schätzen Sie die Leistung von Martin Schulz ein, den Alkohol hinter sich gelassen zu haben?

Eine Riesenleistung. Sie ist ein großes Thema in den Selbsthilfegruppen, die ich betreue. Wir haben in Deutschland rund 1,6 bis 1,8 Millionen Alkoholiker. Schulz beweist, dass man auch nach einer Suchtphase beruflich sehr erfolgreich werden kann. Vielen der Rechtsanwälte, Ärzte, Psychologen, Banker, Lehrer, die sich von mir unterstützen lassen, macht der Lebensweg von Schulz Mut. Sonst schwankt unser Bild von Alkoholikern ja zwischen dem Trinker am Bahnhof und jenen Prominenten, die ständig rückfällig werden und sich in Privatkliniken behandeln lassen.

Ist ein Kanzler mit einer Alkoholvergangenheit vorstellbar?

Auf jeden Fall – warum denn nicht? Es wäre etwas anderes, wenn Schulz erst drei Monate trocken wäre, bei ihm liegt das aber über drei Jahrzehnte zurück. Das Damoklesschwert des Rückfalls hängt natürlich über allen, die mal exzessiv getrunken haben. Eine absolute Sicherheit gibt es nicht, die gibt es nirgendwo. Jeder Mensch kann von einem Tag auf den anderen erkranken und seine Stärken verlieren.

Ist Schulz also ein Vorbild?

Ja. Alkohol ist natürlich bei seinen Terminen allgegenwärtig. Wahrscheinlich ging er in Brüssel und Straßburg jeden Abend essen oder war auf Empfängen oder Ähnlichem zu Gast. Grundsätzlich gilt: Von der Sucht loszukommen ist kein Sprint, sondern ein Marathonlauf. Schulz hat schon in seiner Bürgermeisterzeit den Irrglauben widerlegt, man werde sozial isoliert, wenn man sich als Ex-Alkoholiker outet. Für mich ist seine Geschichte so wichtig wie die von Betty Ford, der Gattin des US-Präsidenten Gerald Ford, die ganz offen über ihre Abhängigkeit sprach und damit vielen half.

Edmund Stoiber hatte als Kanzlerkandidat 2002 bei seinen Bierzeltreden nicht Bier im Maßkrug, sondern oft Salbeitee. Was empfehlen Sie Martin Schulz in so einer alkoholgeschwängerten Umgebung im Wahlkampf?

Er kann durchaus einen Maßkrug mit Wasser vor sich haben, wenn er eine humorvolle Bemerkung dazu macht und die Situation entkrampft. Da hat er sicher genug Erfahrung. Ein schlichtes Glas Wasser vor sich zu haben ist zweifellos noch eindeutiger. Er muss sich an seine Umgebung nicht zu sehr anpassen.

Ist es gut, dass Martin Schulz offen über die Alkoholjahre redet?

Absolut. Er macht es im richtigen Ton: Er kokettiert nicht damit, aber verheimlicht es auch nicht. Alkohol ist ja für viele Menschen immer noch ein Stigma. Bei Krebs bekommt man Mitleid, bei Alkohol wird Charakterschwäche unterstellt, obwohl die Sucht als Krankheit längst anerkannt ist. Manche trockenen Alkoholiker sprechen nicht offen darüber. Sie sagen dann, dass sie Alkohol gesundheitlich nicht vertragen oder verwenden eine andere Legende. Schulz spricht auch da Klartext, er beschönigt nichts. Gut so.

Die Stadt blüht –
Ein Gespräch mit Arno Nelles,
Bürgermeister von Würselen

Arno Nelles ist 2017 ein glücklicher Bürgermeister. Noch nie wurde so oft über Würselen berichtet und gesprochen. Würselen ist zwar immer noch verschuldet, aber der SPD-Mann bedankt sich artig bei Martin Schulz, seinem Vorgänger im Amt von 1987 bis 1998.

Wie spricht man Würselen korrekt aus?

»Würseln«, das zweite »e« verschlucken wir.

Was hat Ihnen Martin Schulz hinterlassen?

Seinen alten Schreibtisch, den ich heute noch benutze. Viele sinnvolle Investitionen. Und ein gutes Klima in der Stadt. Kommunalpolitik ist die Königsdisziplin der politischen Auseinandersetzung, Demokratie an der Basis sozusagen. Die Rahmenbedingungen werden in Düsseldorf, Berlin oder Brüssel gemacht. Wir werden bei der Geburt registriert, und es wird verzeichnet, wenn wir sterben. Alles, was dazwischen ist, findet im Rathaus statt.

Martin Schulz war ja nie Minister oder Ministerpräsident, nur Bürgermeister einer Kleinstadt. Kann er gegen Angela Merkel bestehen?

Auf jeden Fall kann er das, er ist mindestens ebenbürtig. Seine Stärke ist seine authentische Nähe zu Menschen, er mag sie. Sonst sollte man auch kein Politiker werden. Merkel ist da viel distanzierter. Außerdem sind wir Rheinländer keine Dogmatiker, wir sind am Ziel interessiert, nicht unbedingt am Prinzip. Und wir sind notorische Optimisten.

Frau Schulz hat auch ein SPD-Parteibuch ...

Ja, sie war auch im Stadtrat, spielt aber keine aktive Rolle in der Kommunalpolitik. Sie ist der Ruhepol der Familie, er der Umtriebige. Diese Gegensätze ergänzen sich prima. Inge Schulz drängt sich nicht in den Vordergrund, obwohl sie viel draufhat. Ihren Rat hole ich bei Naturthemen der Stadtentwicklung immer ein.

Wie geht es der Stadt wirtschaftlich?

Martin Schulz hat sehr viel Gewerbe nach Würselen gelockt, davon profitieren wir noch heute.

Und politisch?

Wir haben hier so gut wie keine politischen Extremisten, Martin Schulz hat die immer klein gehalten. Dafür haben wir bis heute eine feine Bürgergesellschaft. Für die Flüchtlinge haben sich zudem sehr viele Menschen ehrenamtlich engagiert, nicht wenige übernahmen Patenschaften. Als PRO NRW, eine radikale rechte Gruppierung, gegen den Gebetsruf des Muezzins protestieren wollte, standen alle Religionsgemeinschaften bei einer Gegendemonstration zusammen. So haben wir gezeigt, dass die Muslime zu uns gehören. Selbst das Schweizer Fernsehen, das bei uns drehte, empfand das als einen beeindruckenden Ausdruck von Bürgersinn.

Spontan und auch ganz ohne Alkohol lustig – Ein Gespräch mit Achim Mallmann, Karnevalist

Achim Mallmann ist der oberste Narr von Würselen. Der Präsident des Vereins »Au Üllz« mit rund 270 Mitgliedern kennt Martin Schulz schon aus seiner Jugend.

Kann Martin Schulz Karneval oder ist er doch ein steifer Eurokrat?

Die Frage ist berechtigt; nicht jeder, der im Rheinland geboren ist, hat ein Talent zum Karneval. Aber Martin Schulz ist einer der humorvollsten Menschen, die ich kenne. Sein Humor entsteht aus der Spontaneität. Und aus der Erinnerung. Er speichert Anekdoten, die er neu zusammensetzt. Er kann aber auch

Büttenreden halten, die gespickt sind mit lokalen Anspielungen. Beim Empfang der Tollitäten im Rathaus hat er als Bürgermeister mit dem Hausmeister eine echte Comedy aufgeführt. Sein Mutterwitz ist unschlagbar. Und er genießt es, sich über die Obrigkeit lustig zu machen, auch wenn er selbst dazu gehört.

Es ist also keine Pflichtübung für ihn, sich neben Karnevalisten zu stellen?
Nein, er ist ein Fan des echten Karnevals, der sich von dem gewöhnlichen Fernsehkarneval unterscheidet. Da tanzt er schon mal den Matrosentanz unserer Frauen mit. Deshalb hat er auch lieber in der Aula unseres Gymnasiums unseren Preis angenommen, den Närrischen Grenzlandschild, und nicht den berühmten Karnevalsorden wider den tierischen Ernst, der jedes Jahr im Fernsehen übertragen wird. Dass er den zu unseren Gunsten schon abgelehnt hat, zeigt seinen Charakter.

In der Karnevalszeit wird viel getrunken – ein Handicap für den ehemaligen Alkoholiker Schulz?
Nein, er erklärt jedem, der ihm ein Schnäpschen hinstellen will, geduldig, dass er mit 23 Jahren schon sein Alkohollimit fürs Leben erreicht hat. Schulz braucht keine Lockerung der Zunge und keine Enthemmung. Der Sinn unseres Karnevals besteht auch nicht darin, sich zu betrinken. Wir sind nicht Mallorca.

Die Aquana-Kritiker liegen falsch – Ein Gespräch mit Matthias Dovermann, Spaßbad-Chef in Würselen

Matthias Dovermann ist Geschäftsführer des Spaßbades Aquana, das Ende der Neunzigerjahre Würselen zur Bürgermeisterzeit von

Martin Schulz gespalten hat. Erwartungsgemäß verteidigt er Schulz und den Bau des Bades.

Martin Schulz gilt als Erfinder des Aquana. Wollte er sich ein Denkmal setzen?

Das ist Unsinn. Neben Schulz gab es viele, die das Bad bauen wollten. Er hat nicht im Handstreich entschieden. Es ging auch nicht um Eitelkeit, sondern darum, was wirtschaftlicher ist: das alte Freibad und das Hallenbad zu sanieren oder gleich neu zu bauen. Die beiden Traditionsbäder machten jährlich einen Verlust von 2,1 Millionen Mark, eine Sanierung hätte 12 bis 14 Millionen verschlungen. Dagegen standen die Kosten für ein neues Bad, die bei 24 Millionen gedeckelt waren. Leider stieg unser Betreiber im ersten Jahr aus, sodass die Stadt das Bad am Ende für eine Mark übernehmen musste, um keinen Totalverlust zu erleiden. Das war so nicht absehbar.

Der Vorwurf an Martin Schulz lautet: Er hat hier ein Millionengrab geschaffen, kann nicht solide wirtschaften.

Das ist falsch. Im ersten Jahr machten wir einen Verlust von 2,4 Millionen Euro, mittlerweile sind wir bei 800 000 Euro im Jahr. Eine Unternehmensberatung untersuchte uns 2014 und sagte mir, dass wir im Vergleich zu anderen defizitären Bädern gut dastehen. Hätten wir die alten Bäder behalten, würde die Stadt mehr draufzahlen müssen.

Die Vorwürfe verstummen trotzdem nicht. Was spricht sonst noch für das Aquana?

Man darf drei weitere Dinge nicht vergessen. Erstens: Das Bad wird gut angenommen, seit der Eröffnung hatten wir rund vier Millionen Besucher. Im Jahr sind es 240 000, 80 000 davon aus Würselen, darunter viele Familien. Zweitens: Das Aquana ist auch ein weicher Standortfaktor, also auch Magnet für Unternehmen und ihre gut ausgebildeten Arbeitskräfte mit deren Angehörigen. Und schließlich drittens: Es schafft 43 Vollzeitarbeitsplätze sowie viele Minijobs. An die Stadt fließen auf diese Weise Steuern und insofern Einnahmen zurück. Martin Schulz' Einsatz für das Aquana war richtig.

Die Großen hat immer die Provinz hervorgebracht – Ein Gespräch mit Jürgen Flimm, Theaterregisseur

Jürgen Flimm versteht viel von Theater – auch von dem auf der politischen Bühne. Der Regisseur und Intendant der Berliner Staatsoper Unter den Linden, der auch bei den Bayreuther Festspielen und an der New Yorker Metropolitan Opera *inszenierte, ist ein Mann, der genau hinsieht.*

Imponiert Ihnen der Kandidat?
Aber ja. Ich finde seine Biografie sehr interessant, es zeichnet ihn aus, dass er von ganz unten kam und die Kurve gekriegt hat nach seinem Alkoholismus.

Ist der Aufstieg von Schulz mit seinen vielen Brüchen in der Biografie schon Stoff für ein Theaterstück?
Mal sehen. Vielleicht, wenn er triumphiert – und dann am besten auch noch Großes bewirkt. Dann machen wir einen Monolog aus Würselen im rheinischen Dialekt.

Was mögen Sie an seinem Gesicht?
Es ist nicht so abgeschliffen. Da ist schon was drin. Er ist kein Politik-Beau. Wir Theaterleute mögen das, wenn jemand nach

gelebtem Leben aussieht. Ich mag aber auch Angela Merkel. Sie ist verschlossener und konzentrierter, weil sie aus Mecklenburg-Vorpommern kommt, da sind die Menschen distanzierter. Aber ich mag auch ihren trockenen Humor, den sie manchmal privat zeigt.

Schulz ist ein fröhlicher Rheinländer. Ist es ein Malus, dass er aus der Provinz kommt?
Nein, die Provinz hat immer die Großen hervorgebracht. Das waren immer Leute, die im lokalen Mikrokosmos anfingen und darüber hinauswuchsen. Das ist wie bei einem Baum mit den Jahresringen. Der Baum wird immer breiter und kriegt immer mehr Erfahrung. Schulz hat als Bürgermeister sicher gelernt, horizontal zu denken und vertikal zu verbinden.

Echtes Temperament – Ein Gespräch mit Werner Spinner, Präsident des 1. FC Köln

Derzeit erlebt Werner Spinner als Präsident des 1. FC Köln ruhigere und erfolgreichere Zeiten beim lange Zeit skandalträchtigen Kultclub. Martin Schulz sitzt im Beirat. Und berät schon mal – auch unaufgefordert …

Ist Martin Schulz ein Typ, der bei Spielen echtes Temperament zeigt? Wie sehr leidet er mit?
Soweit ich es im Stadion mitbekomme, ist er voll und mit Leidenschaft dabei. Ich weiß auch von seinem Bruder, dass es kaum anders ist, wenn er die Spiele nicht sehen kann. Dann quält er sein Umfeld mit SMS zum Spielverlauf und scheut sich auch nicht, in wichtigen Sitzungen aufs Handy zu schauen.

Welche Rolle spielt er im Verein? Hat er etwas zu sagen, gibt er Tipps?

Martin Schulz ist Mitglied unseres Beirats, ein beratendes Gremium. Er hat uns sehr geholfen, in der Frage der EU-Konformität der Stadionpacht den richtigen Ansprechpartner zu finden. Ansonsten gibt er mir die Art von Tipps, die Fans eben geben – zur Aufstellung zum Beispiel. Da weise ich ihn schon mal darauf hin, dass wir für diese Dinge im Club Leute haben, die sich damit besser auskennen. Besser sogar als ein Spitzenpolitiker. (lacht)

Hat Schulz Kontakt zu aktuellen Spielern oder Legenden wie Overath und Toni Schumacher? War er auch schon mal in der Kabine bei der Mannschaft?

Nein, solche Kontakte oder Bilder, die ja medial nützlich sein könnten, hat er auch nie gesucht. Der 1. FC Köln ist parteipolitisch neutral, und das weiß Herr Schulz. Was die Kabine betrifft: Dort hat bei uns außer Trainern, Spielern und Betreuerstab niemand etwas zu suchen. Das ist ein sehr privater Bereich.

Reden Sie als FC-Präsident mit ihm auch über Politik?

Nicht als Präsident, sondern als Bürger spreche ich durchaus mit ihm über Politik. Ich bin ein politischer Mensch. Und ich bin überzeugt, wir leben in Zeiten, in denen sich niemand raushalten darf. Deshalb haben wir als 1. FC Köln im vergangenen Jahr auch die Auftaktveranstaltung des deutsch-türkischen Kulturfestes Birlikte am Geißbockheim ausgerichtet. Es soll an die Opfer und die Folgen des Nagelbombenanschlags auf der Kölner Keupstraße erinnern. Damals haben unter anderem Martin Schulz und ich auf dem Podium teilgenommen und mir hat sein Auftreten dabei sehr imponiert. Wir sind uns einig, was das gesellschaftliche Engagement des Fußballs betrifft. Mit fast 90.000 Mitgliedern ist zum Beispiel der FC nicht nur der größte Sportverein im Rheinland. Er ist überhaupt eine der Organisationen mit der stärksten Identifikationskraft. Deshalb haben wir auch eine besondere gesellschaftliche Verantwortung, auch etwa in Sachen Integration. Und die nehmen wir sehr ernst. Auch Martin Schulz.

Schulz ist ein Dur-Mann, Merkel eine Moll-Frau – Ein Gespräch mit Gunter Gabriel, Sänger

Seine raue Stimme kennt jeder. Gunter Gabriel ist seit seinem Hit »Hey, Boss, ich brauch mehr Geld« vor allem bei Arbeitern und Angestellten beliebt. Den Ausdruck »kleine Leute« mag er gar nicht, denn »die kleinen Leute sind für mich die großen Leute, die Helden des deutschen Alltags«.

Der Kanzlerkandidat der SPD spricht oft von den »hart arbeitenden Menschen«, für die er Politik machen will, da kennen Sie sich doch aus.
Ja, ich habe diesen Leistungsträgern schon 1977 einen Song gewidmet, weil ich ein Teil von ihnen sein will. Hier ein Auszug: »Meine Helden sind die Frauen und Männer überall im Land / die Tag für Tag die Arbeit tun, still und unerkannt / Meine Helden sind alle jene, die oft einfach übersehen / und doch im Grunde dafür sorgen, dass sich die Räder hier in Deutschland drehen / Jeder steht hier seinen Mann, jeder tut hier, was er kann / weil jeder, jeder zu was taugt, weil jeder jeden braucht.«

Das klingt wie ein gesungenes Wahlprogramm von Martin Schulz. Was gefällt Ihnen an dem SPD-Chef?

Merkel ist eine Moll-Frau, Schulz ein Dur-Mann. Ich finde es gut, dass er singen und lachen kann. Er hat eine geile Lebensgeschichte mit ein paar Niederlagen. Er stand ja kurz davor, sich umzubringen, so wie ich. Aber solche Tiefs können Sendboten im Leben sein, die dich wie Raketen wieder nach oben bringen. Bei mir jedenfalls war es so. Ich bin ja auch in den Alkohol geflüchtet, als ich mein ganzes Geld verloren hatte und im Wohnwagen lebte. Aber das war dann zugleich der Startschuss in ein völlig neues Leben.

Flößt es Ihnen Vertrauen ein, dass Martin Schulz Buchhändler war?

Da sieht man, dass er was draufhat. Für so einen Beruf braucht man Liebe und Herzblut. Mein Hausboot ist auch voller Bücher.

Werden Sie ihn wählen?

Sie werden lachen: Ich bin eigentlich FDP-Wähler, weil mich das Liberale anspricht, aber ich neige der sozialliberalen Koalition zu. Eine neue Zusammenarbeit fände ich richtig gut. Also, von mir aus kann Schulz Kanzler werden. Und dann gründe ich mit Sigmar Gabriel das Duo »Gabriel & Gabriel«.

Ist der Song »Hey Boss, ich brauch mehr Geld« im Jahr 2017 noch aktuell?

Denke ich schon. Es gibt sehr viele Menschen, die anständig ihre Arbeit machen und nicht von der Hand in den Mund leben wollen, weil sie unterbezahlt sind. Das sind echte Stützen ihrer Firmen, die nie krank machen, keine ruhige Kugel schieben. Die haben mehr Anerkennung verdient. Insofern ist es richtig, dass Schulz das Thema »Respekt« im Wahlkampf in den Vordergrund stellt.

Weder Asket noch Ideologe – Ein Gespräch mit Hermann Bühlbecker, Süßwarenfabrikant

Hermann Bühlbecker ist der Chef von Lambertz, der Aachener Süßwarengruppe mit rund 4000 Mitarbeitern und einem Umsatz von rund 650 Millionen Euro. Martin Schulz besuchte den Printen-Unternehmer im September 2016.

Hat der Kanzlerkandidat ein Herz für die Wirtschaft?
Er kann auf jeden Fall gut zuhören. Wo drückt der Schuh? Wie kann er den Unternehmen helfen? Er unterhält sich mit allen Leuten und hört die Argumente, danach sucht er nach der bestmöglichen Lösung. Mein Eindruck ist: Bei ihm gibt es nicht nur Schwarz oder Weiß, er spult keine fertigen Sätze ab. Martin Schulz ist nicht ideologisch, sondern konstruktiv. Das finde ich gut.

Ist er für Unternehmer wählbar, die sonst CDU/CSU oder FDP für vertrauenswürdiger halten?
Martin Schulz macht vieles richtig, redet zum Beispiel oft vom Mittelstand, für den er sich einsetzen will. Oft ist ja in der Presse nur von den großen Konzernen die Rede, aber wir Mittelständler stellen die meisten Arbeitsplätze in Deutschland zur Verfügung. Es schadet ihm sicher auch nicht, dass er als Buchhändler immer auch die unternehmerische Perspektive im Auge haben musste, Angestellte hatte und Gewinne erwirtschaften wollte. Viele SPD-Politiker kommen nur von der Arbeitnehmerseite. So einseitig ist Schulz nicht.

Warum kommt Schulz so gut an – liegt das auch an der Sprache?

Er hat eine klare, authentische Sprache, bringt die Dinge direkt auf den Punkt. Man hat den Eindruck, der Mann sagt, was er denkt. Dazu kommt natürlich das Rheinländische in seinem Hochdeutsch. Es klingt bei ihm so charmant, wie wenn Franz Beckenbauer bayerisch spricht. Würde er einen unbeliebteren Dialekt wie Schwäbisch oder Sächsisch sprechen, hätte er es deutlich schwerer. Der Rheinländer gilt als offen und direkt, spontan und herzlich. Für einen Politiker sind das günstige Voraussetzungen. Rheinländer haben zwar auch den Ruf, jemand auch wieder schnell zu vergessen. Aber das muss ja bei Schulz nicht so sein.

Mag Martin Schulz überhaupt Süßes? Er hat immerhin 13 Kilo abgenommen, das geht ja fast nur, wenn man fast alle Süßigkeiten meidet.

Das ist eine Frage der Dosis. Mir hat Schulz gesagt, dass er sich an Weihnachten am meisten auf die Dominosteine freut. Ich hab bei ihm nicht das Gefühl, dass er auf alles Schöne verzichtet. Er ist kein Asket. Dafür lebt er zu gerne. Bei Helmut Kohl wusste man auch, dass er jede Menge isst und trinkt. So etwas lässt Politiker menschlich erscheinen.

Gut, dass er sich nicht klein macht – Ein Gespräch mit Klaus Staeck, Künstler

Er ist ein Meister der politischen Grafik – und seit 1960 oft leidendes Mitglied der SPD. Klaus Staeck, bis 2015 Präsident der Akademie der Künste in Berlin, hält viel von dem Hoffnungsträger seiner Partei.

Würden Sie sich als begeistert von Martin Schulz bezeichnen?
Ich bin in einem Alter, in dem man nicht mehr unbedingt
begeistert ist. Aber Schulz kann anderen offenbar Hoffnung
machen. Das ist viel in einer Zeit, in der alles zu schwanken
scheint. Die Angriffe werden an ihm abprallen und auf die
Leute zurückfallen, die versuchen, ihm irgendwas anzuhängen.

Hat Martin Schulz Retterqualitäten?
Keiner ist »der« Erlöser. Aber er erreicht mehr Menschen über
Gefühle. Der will was. Das erinnert mich an Schröder, der
an den Gittern des Kanzleramtes rüttelte. Sozialdemokraten
machen sich oft gerne klein, das ist bei ihm nicht der Fall. Wir
schämen uns ja fast unserer Gefühle. Wir sind immer gleich
in Verteidigungshaltung. Er greift dagegen an. Es ist schön
zu sehen: Die Leute in unserer Partei gehen nicht mehr mit
gesenktem Kopf herum und sagen sich: noch 20 Jahre Merkel.
Das Schlimmste, was der Demokratie passieren kann, ist, wenn
sie langweilig wird. Langweilig ist sie ja nun aber nicht mehr.

Wie der Sog um Schröder 1998 –
Ein Gespräch mit Manfred Güllner, Wahlforscher

*Seit über 50 Jahren ist Manfred Güllner SPD-Mitglied, der Forsa-
Chef kennt die Seele der Partei genau. Und er traut der Partei bei
der Bundestagswahl zumindest ein spannendes Rennen zu.*

**Haben Sie so etwas schon erlebt, so einen Hype nach einer
Nominierung zum Kanzlerkandidaten?**
1998 war es ähnlich, als Gerhard Schröder die Landtagswahl
in Niedersachsen zum Plebiszit über die Kanzlerkandidatur
machte und bei 48 Prozent landete. Es gab einen Schröder-Sog,

weil man eben erleichtert war, dass nicht Oskar Lafontaine der Vortritt gelassen wurde. Schröder stand für Erneuerung und Modernisierung – »Innovation und Gerechtigkeit« war sein Slogan. Die Gerechtigkeit verkörperte er als Putzfrauensohn perfekt. Und er schreckte niemanden ab, wenn er sagte, dass er nicht alles anders machen will, aber vieles besser. Entscheidend ist auch diesmal: Wer die Mitte am besten anspricht, wer am meisten Kompetenz für die Lösung der Probleme ausstrahlt, der hat die besten Chancen. Schulz spricht bisher eher die unteren Schichten an, wenn er sagt: Ich bin einer von euch.

Was ist der Unterschied zu 1998?
Die Leute hatten damals Kohl satt nach 16 Jahren. Die Stimmung gegen Merkel ist noch nicht so ausgeprägt, wenn man von der AfD und Teilen der CSU absieht. Und die Wähler mochten Gabriel nicht, der wäre ein Klotz am Bein der SPD gewesen. Er war selbst in der SPD Niedersachsen, seinem eigenen Landesverband, wenig beliebt.

Hat Schulz bei der weiblichen Wählerschaft einen Nachteil auszugleichen?
Das kann man nicht so pauschal sagen. Frauen achten mehr auf Qualität als auf die Geschlechterzugehörigkeit. Schulz zeigt nun, dass es Alternativen gibt, die man in der CDU nicht finden kann. Da kommt jemand, der von sich selbst begeistert ist. Merkel steht unprätentiös für Stabilität und Sicherheit, Schulz steht für »Hoppla, jetzt komm ich, und ich mach das schon«.

Lieben die Deutschen einfache Kanzlernamen wie Schmidt, Kohl, Brandt, Merkel und eben Schulz?
Wichtiger ist wohl die Herkunft, die SPD-Kanzler kamen alle aus Norddeutschland. Die CDU-Kanzler außer Merkel aus

dem Rheinland und aus der Pfalz. Es ist derzeit noch offen, wie gut der rheinische Singsang à la Schulz ankommt.

Linke Politik –
Ein Gespräch mit Alexander Graf Lambsdorff,
stellvertretender EU-Parlamentspräsident

Alexander Graf Lambsdorff, FDP, trägt einen berühmten Namen, der zur Wirtschaftsfreundlichkeit verpflichtet: Sein Onkel Otto wirkte als Wirtschaftsminister unter Helmut Kohl. Der Neffe war Stellvertreter von Martin Schulz als Präsident des Europaparlaments, jetzt drängt es ihn in den Bundestag.

Die SPD feiert Martin Schulz als Erlöser. Kann er das für Deutschland nach den langen Merkel-Jahren wirklich?
Sehen Sie, Herr Schulz und ich, wir sind beide Fans des 1. FC Köln. Da gab es lange den Glauben an den Erlöser, ob das nun Lukas Podolski oder etwa Trainer Christoph Daum sein sollte. Diese Hysterie kenne ich. Bei Christoph Daum scheiterte es am Ende daran, dass seine Konzepte nicht funktionierten. So wird es auch bei Martin Schulz sein.

Wie meinen Sie das konkret?
Deutschlands Stärke beruht auf Konzepten, die er alle nicht vertritt. Er verfolgt eher eine Politik, wie es sie in Frankreich gibt. Er will höhere Steuern und mehr Belastungen für die Wirtschaft. Es geht ihm also vor allem um Umverteilung. Wäre er ein Sozialdemokrat wie Gerhard Schröder, Tony Blair oder Bill Clinton, hätten wir eine andere Lage. Aber das sehe ich nicht. Er will eine linke Politik.

Ist Schulz authentisch?

Absolut. Ein kämpferischer Sozialdemokrat, ein politisches Kampfschwein. Er hat bewiesen, dass man aus einem Amt etwas machen kann. Das Europaparlament ist durch ihn zum Ort wichtiger Debatten geworden. Ich schätze ihn als Person sehr, aber ich würde niemandem raten, ihn zu wählen.

Nur Allgemeinplätze –
Ein Gespräch mit Katja Suding,
FDP-Chefin in Hamburg

Sie ist der weibliche Star der Liberalen, die Hamburgerin brachte die Liberalen in der Hansestadt nach dem Bundestagsaus 2013 wieder aus der Depression und in die Erfolgsspur: Bei der Hamburger Bürgerschaftswahl holte sie 7,4 Prozent und kandidiert nun für den Bundestag.

Ist Martin Schulz eine Bereicherung oder eine Mogelpackung?

Objektiv betrachtet hat er es geschafft, die Kanzlerin in Bedrängnis zu bringen, die lange als uneinholbar galt. Keiner hat erwartet, dass seine Popularität durch die Decke schießt. Ob das so bleibt, weiß keiner. Aber er hat einen frischen Wind reingebracht, der Kontrast zu Angela Merkel macht den Wahlkampf spannend. Merkel wirkte schon so unmotiviert, als sie sich durchgerungen hatte, noch einmal zu kandidieren. Sie zeigt Ermüdungserscheinungen, er wirkt frisch. Es ist förderlich für die Demokratie, dass jetzt wieder echte Alternativen sichtbar werden. Wenn alles schon entschieden scheint, dann schläfert man ein Land ein.

Ist Martin Schulz kanzlertauglich?

Ich bin skeptisch. Er hat als Parlamentspräsident für Eurobonds geworben, also für die Vergemeinschaftung von Schulden in Europa. Damit hätten südeuropäische Länder wenig Anreiz, ihre Haushalte in Ordnung zu bringen. Den *Lux-Leak*-Untersuchungsausschuss wegen der Steuerschlupflöcher in Luxemburg hat er im Europaparlament verhindert, um seinen Freund Jean-Claude Juncker zu schonen. Im Übrigen: Wenn er sich über mangelnde Gerechtigkeit beschwert, kritisiert er vor allem die Politik seiner Genossen. Die saßen mit vier Jahren Unterbrechung seit 1998 immer in der Regierung, meistens auch im Arbeits- und Sozialministerium.

Welche Rolle spielen Äußerlichkeiten? Viele Frauen lehnen Männer mit Bärten als Lebenspartner ab. Kann ein Mann mit Bart überhaupt Kanzler werden?

Das ist völlig egal. Mindestens die Hälfte der Männer finden auch Angela Merkel als Frau nicht attraktiv. Das Aussehen ist kein entscheidendes Kriterium in der Politik, mit dem Wahlchancen erhöht werden. Wenn das so wäre, würden alle Parteien Models casten. Das funktioniert nicht.

Acht Millionen Wähler zurückholen – Ein Gespräch mit Ulla Schmidt, Ex-Gesundheitsministerin

Sie kennt Martin Schulz sehr gut: Ulla Schmidt wohnt in Aachen nur einen Katzensprung von Martin Schulz entfernt. Die SPD-Politikerin hat seine politische Karriere aus der Nähe beobachtet.

Haben Sie geahnt, dass der Schulz-Effekt in den Umfragen die SPD so nach oben zieht?

Ich wusste, dass Martin eine Dynamik auslöst. Es gibt eine Sehnsucht nach Echtheit und Einfühlungsvermögen, gemischt mit etwas Humor und rheinischer Fröhlichkeit – das sind, neben seiner hohen Intelligenz und seiner Sprachbegabung, seine Stärken. EU-Abgeordnete wurden ja früher teilweise nicht mal begrüßt, es waren Politiker zweiter Klasse. Er hat es geschafft, dass das EU-Parlament und jeder einzelne Abgeordnete ein ganz anderes Ansehen haben. Martin duckt nicht nach oben, er ist furchtlos. Er tut auch nicht, als ob er in der Retorte geboren sei, jeder kennt auch seine Tiefen.

Was unterscheidet ihn von Angela Merkel? Sie kennen ja beide gut.

Er überlegt nicht erst sechs Wochen, bevor er etwas sagt. Seine Sprache ist klar. Er formuliert scharf, aber für die Menschen verständlich. An Angela Merkel haben sich die Menschen gewöhnt. Man kann sich auf sie verlassen, sie ist integer. Aber jetzt ist da einer, der wieder Emotionen in die politische Auseinandersetzung bringt. Einer, der wirklich spürt, wie es den Menschen geht, und der eine Alternative anbietet.

Entsteht hier ein neues politisches Klima?

Ich finde es gut, dass jetzt wieder über Politik diskutiert und auch die AfD zurückgedrängt wird. Die Mitgliedschaft in einer Partei wird wieder interessant – vor allem auch für junge Menschen. Die SPD hat seit Gerhard Schröder zehn Millionen Wähler verloren, über acht Millionen sind im Grunde wieder zurückholbar, wenn das Angebot stimmt. Und mit Martin Schulz haben wir dieses Angebot.

Viel Selbstsuggestion –
Ein Gespräch mit Jens Spahn, CDU-Vordenker

Jens Spahn ist erst 36 Jahre alt, 25 Jahre jünger als Martin Schulz, das sind in der Politik zwei Generationen. Der meinungsstarke Staatssekretär im Finanzministerium von Wolfgang Schäuble, der ganz selbstverständlich schwul ist und gerne die Ehe für alle hätte, gilt in der Union als große Hoffnung für die Zeit nach Angela Merkel.

Haben Sie starke Ängste, weil Martin Schulz in dem Umfragen auf Augenhöhe mit Angela Merkel liegt?
Nein, kein bisschen. Aber ich freue mich auf einen Wahlkampf im Wortsinn. Es wird spannend. Die Euphorie in der SPD zeigt, in welcher politischen Depression die Partei war. Was denkt sich Sigmar Gabriel wohl bei dem Hype um Schulz? Da kann man fast Mitleid bekommen.

Der Trend scheint Anfang 2017 ein Genosse zu sein.
Ich sehe den Trend erst mal zu einer stärkeren Polarisierung im Wahljahr. Das ist für den politischen Wettbewerb doch gut. Denn Bürger wollen eine echte Alternative haben, wenn sie zur Urne gehen. Die lautstarken Spalter an den Rändern geraten damit in den Hintergrund.

Ist Schulz ein respektabler Bewerber, um das Land zu führen?
Herr Schulz aus Brüssel tut so, als habe er mit der Politik der SPD nichts zu tun. Er sitzt seit 1999 ununterbrochen im Parteivorstand der SPD und hat alles abgenickt. Seine SPD regiert seit 1998 fast durchgehend mit. Wenn er nun soziale Ungerechtigkeiten beklagt, kann ich nur darauf hinweisen, dass fast alle

Sozialressorts von der SPD geführt werden. Haben dann seine Genossen in den letzten Jahren versagt? Er will mehr Gerechtigkeit, aber was heißt das konkret? Die SPD will die Erfolge der Agenda 2010 abwickeln. Wir brauchen viel mehr eine Agenda 2025, wir wollen die Zukunft gestalten. Während Herr Schulz mit der SPD Selbstfindung betreibt, regieren wir mit Angela Merkel an der Spitze verantwortungsvoll unser Land.

Schulz strotzt vor Kraft bei seinen Auftritten.
Das erinnert mich an die kleine Lisa Simpson, die immer sagt: »Man kommt besser durch den Tag, wenn man sich ganz doll selbst mag.« Es ist viel Selbstsuggestion dabei. Wir haben Zeit, ihn zu entzaubern und die Widersprüche offenzulegen.

Was passiert, wenn die SPD bei der Bundestagswahl vor der Union liegt – gibt es dann wieder eine große Koalition, aber unter einer SPD-Führung?
Dafür fehlt mir die Fantasie. Sicher ist: Nach der Bundestagswahl werden die Karten neu gemischt. Und noch einmal eine große Koalition wäre nicht die beste Option für die Demokratie in Deutschland.

Wie ein Fallschirmspringer – Ein Gespräch mit Ingo Friedrich, CSU-Europapolitiker

Ingo Friedrich ist ein CSU-Mann, der gerne mal über den Tellerrand hinausdenkt. Von 1999 bis 2007 war der Franke einer der Vizepräsidenten des Europäischen Parlaments und hat den politischen Gegner Schulz studiert, von 1994 bis 2009 saß er mit ihm im Parlament.

Was fasziniert so viele Menschen an Martin Schulz?

Er ist ein neues Gesicht mit einer neuen Funktion. Aber, was viele unterschätzt haben: Die europäische Ebene bringt inzwischen sehr viel Gewicht in die Waagschale. Da ist jemand auf einer hohen Ebene wie ein Fallschirmspringer in die Champions League der deutschen Politik hineingesprungen. Das war noch nie der Fall und ruft besonderes Interesse hervor.

Freut es Sie, dass es erstmals ein Europapolitiker geschafft hat, Kanzlerkandidat zu werden?

Es war zu erwarten, dass irgendwann dieser Knoten platzt. Es wird nicht der einzige Fall sein. Damen und Herren, die sich auf europäischer Ebene profilieren, springen zwischen Europa und ihrem Land hin und her und bleiben immer in der Spitze. In anderen Ländern ist das schon normal.

Schulz ist machtbewusst. Bei den EU-Gipfeln hat er sich selbst als Präsident bei den Regierungschefs eingeladen. Er sieht sich offenbar als Weltpolitiker.

Er hat fast keine Hemmungen. Wenn er an eine Sache glaubt, dann sind auch Regeln nicht unbedingt Dinge, die er einhält, er überspringt sie. Dadurch erregt er auch wieder Aufmerksamkeit.

Was sind seine Stärken?

Man muss eines einräumen: Er kann Dinge sehr überzeugend und verständlich darstellen. Das ist eine wichtige Eigenschaft in einer Zeit, in der die Komplexität der Welt zunimmt. Ich sehe eine Polarisierung, die uns gar nicht schlecht ansteht. Ein Vielparteiensystem à la Italien mit sechs, sieben Parteien nützt der deutschen Demokratie nicht. Wenn wir wieder zu großen starken Volksparteien kommen, ist das besser als das Kuddelmuddel, das wir derzeit haben.

Hat er den unbedingten Machtwillen?

Es war sehr schwer, sich im Europäischen Parlament gegen ihn zu behaupten, selbst wenn zehn Leute im Raum waren, die eine andere Meinung hatten. Er will fast rigoros seine Meinung durchsetzen. Mit welchen Mitteln auch immer.

Er kann also brutal sein?

Ja. Charmant brutal.

Raus aus den Hinterzimmern – Ein Gespräch mit Uli Maly, Nürnberger Oberbürgermeister

Uli Maly ist das, was der bayerischen SPD oft fehlt: ein echter Siegertyp. Seit 2002 ist er Oberbürgermeister in Nürnberg, von 2013 bis 2015 war er Präsident des Deutschen Städtetages. Er hält Schulz für einen Knotenlöser, den richtigen Mann zur richtigen Zeit.

Sind Sie Schulzianer?

In Nürnberg sind wir nicht singend und tanzend durch die Stadt gezogen, das ist uns wesensfremd. Aber Martin Schulz kann Sehnsüchte ansprechen und Politik so erklären, dass sie nicht abstrakt oder verrückt klingt – im Sinne von Franz Josef Strauß, der gesagt hat, man soll dem Volk aufs Maul schauen, ihm aber nicht nach dem Mund reden. Schulz führt die SPD raus aus den Hinterzimmern, denen man noch anriecht, dass hier früher geraucht wurde.

Zählen Persönlichkeiten heute mehr als Parteien?

Es gibt eine Amerikanisierung des Wahlkampfes, aber es reicht nicht, eine schöne blaue Dose hinzustellen mit der Aufschrift

Nivea. Die Leute wollen schon wissen: Was ist da drin? Welche Bestandteile hat die Creme? Wie gesund ist sie? Martin ist kein Außerirdischer, er ist tief in unserer Partei verankert. Er war rot, ist rot, wird immer rot sein. Wir haben in der SPD traditionell die Weltverbesserungseuphorie, er auch.

Ist es ein Handicap für ihn, dass er »nur« Bürgermeister einer kleinen Stadt war?
Ein Parteifreund hat mal zu mir gesagt: Wer nie ein Rathaus von innen gesehen hat, sollte nicht Bundeskanzler werden wollen, egal wie groß oder klein die Stadt ist. Das seh' ich nicht ganz so, Angela Merkel halte ich auch für bodenständig und qualifiziert. Aber Schulz trau ich es durchaus zu, dass er »Bürgermeister von Deutschland« wird.

Gänsehaut-Gefühl –
Ein Gespräch mit Katharina Barley,
Generalsekretärin der SPD

Sie haut nicht so drauf wie ihre männlichen Kollegen: Katharina Barley ist die Generalsekretärin der SPD, Sigmar Gabriel hat sie 2016 auserwählt. Seit Martin Schulz Kanzlerkandidat ist, erlebt sie die schönste Phase ihrer Amtszeit.

Was ist der Unterschied zwischen Gabriel und Schulz?
Martin Schulz liebt das Teamwork, das ist ausgeprägter als bei Sigmar Gabriel. Er diskutiert gerne in einer größeren Runde, da kann jeder seine Ideen einbringen. Außerdem sind wir beide Rheinländer und Fans des 1. FC Köln – das verbindet enorm. Martin Schulz ist ein fröhlicher, leidenschaftlicher Mensch. Die Partei hat ihn immer geliebt.

In der Heute-Show des ZDF wurden Sie in einem »Schulmädchenreport«, Verzeihung, »Schulzmädchenreport« veralbert ...

Ich habe sehr gelacht. Aber ich stehe zu meiner Begeisterung. Es sind ja nicht nur seine politischen Einstellungen, es ist auch die Art zu sprechen, die mitreißt. Wenn er redet, wird es ganz still im Raum. Er hat etwas, das einen im Inneren anspricht, weil es bei ihm selbst aus dem Inneren kommt. Manche kriegen eine Gänsehaut.

Ist es ein Nachteil, dass Schulz nicht im Bundestag sprechen kann, weil er noch kein Mandat hat?

Nein, er gleicht das aus im direkten Kontakt mit den Wählern. Er reist ja viel im Land umher. Die Hallen sind brechend voll. Er überzeugt am meisten, wenn man ihm direkt begegnet. Das wissen wir und das nutzen wir.

Kein Harakiri –
Ein Gespräch mit Bodo Ramelow,
Ministerpräsident von Thüringen

Er hat schon Regierungsverantwortung, Martin Schulz strebt sie an. Bodo Ramelow von der Linken ist seit 2014 thüringischer Ministerpräsident und kann sich eine politische Zusammenarbeit mit der SPD auch auf Bundesebene vorstellen.

Sind Sie auch ein Schulz-Bewunderer?

Politisch sind wir manchmal unterschiedlicher Meinung, aber wir haben einen guten Draht zueinander. Wir haben uns auch schon privat getroffen. Meine Frau verehrt Martin Schulz sehr. Sie ist Italienerin und hat fasziniert im TV erlebt, wie er Ber-

lusconi Kontra gegeben hat, als der ihn mit einem Nazivergleich verunglimpfte. Seitdem ist sie ein unbestreitbarer Fan
von ihm.

Kennen Sie Schulz gut?
Ja, er hat schon als Bürgermeister von Würselen in die Partnerstadt Hildburghausen in Thüringen gute Kontakte ge-
knüpft. Am 24. Januar wollten wir uns treffen, aber der Termin wurde einen Tag vorher kommentarlos abgesagt. Martin
Schulz sagt mir sonst keinen Termin ab, daher war ich schon
besorgt. Dann stellte sich raus: Es war die Kandidatenkür.

Was imponiert Ihnen an ihm?
Ich finde ihn spannend, weil er zeigt, dass auch eine geschei-
terte und gebrochene Biografie nicht das Ende des Lebens ist,
sondern der Anfang eines besseren. Mit Selbstdisziplin und
kraftvollem Auftreten.

**Glauben Sie, Martin Schulz könnte sich auf Rot-Rot-Grün
einlassen, wenn es die Gelegenheit gäbe?**
Wenn es eine Möglichkeit gibt, dazu eine vernünftige Politik
zu entwickeln. Aber er würde die Bedingung setzen, dass wir
Linke auch unseren Part übernehmen. Er wird sich nicht auf
politisches Harakiri einlassen.

Mehr Tiefe –
Ein Gespräch mit Susi Neumann, Putzfrau

*Susi Neumann wurde über Nacht bekannt, als sie Sigmar Gab-
riel bei einer Wertekonferenz der SPD die Leviten gelesen hat.
Soziale Gerechtigkeit für die kleinen Leute ist das Thema der*

couragierten Ruhrpottlerin, die, so sagt sie selbst, der »Sargnagel«
für Gabriel war.

Sind Sie auch angesteckt von der Begeisterung um Schulz?
Ich kann mich nicht entsinnen, in der SPD je so eine gute
Stimmung erlebt zu haben. Mit Gabriel als Kanzlerkandi-
dat wäre die SPD ins Bodenlose gefallen. Aber Vorsicht, wir
haben nur eine Person ausgetauscht, der Rest ist ja noch da.
Momentan ist Martin Schulz so hoch im Kurs, dass keiner
etwas gegen ihn sagt, aber seine Gegner liegen schon auf der
Lauer.

Was gefällt Ihnen an Martin Schulz?
Dass er das Thema mit den befristeten Arbeitsverträgen sofort
aufgreift. Ich predige das seit zehn Jahren tauben Ohren. Dieses Gesetz muss weg. Die Leute können dadurch entlassen
werden, selbst wenn sie schwanger werden oder im Betriebsrat sind. Die unbequemen Leute kann man so ganz legal aussondern. Und keiner will mehr in den Betriebsrat, um nicht
negativ aufzufallen. Ich habe das in der Gebäudereinigungs-
branche erlebt. Wir müssen etwas gegen die Versklavung im
Billiglohnsektor tun. Und Schulz geht das an.

Werden Sie für Martin Schulz nun Wahlkampf machen?
Ich möchte erst einmal schwarz auf weiß Fakten sehen, ein
Wahlprogramm. Aber Martin Schulz als Person ist schon klasse. Wenn sich jemand so hochrappelt und so richtig durch
dunkle Täler geht, gibt ihm das mehr Tiefe als anderen, deren
Leben immer nur geradlinig verläuft. Er hat einfach eine
innere Basis, die ihn vor dem Abheben bewahrt. Er ist tief
verwurzelt, das merken die Menschen. Auch ich.

Ein linker Trump, der sich nicht an Abmachungen hält – Ein Gespräch mit Hans-Olaf Henkel, Liberal-Konservative Reformer (LKR)

Hans-Olaf Henkel nimmt kein Blatt vor den Mund. Er war IBM-Topmanager, Chef des Bundesverbandes der Deutschen Industrie (BDI) und saß später für die AfD im Europaparlament, bevor er im Zorn schied. Jetzt ist er Mitglied der AfD-Abspaltung »Liberal-Konservative Reformer«.

Versteht Martin Schulz etwas von Wirtschaft?
Null. Woher soll er das können, wenn er Bücher verkauft hat?

Er hat ja doch eine ganze Menge politische Erfahrung. Und als Buchhändler vor seiner Laufbahn als Berufspolitiker war er ja nicht ganz erfolglos ...
Mag sein, aber er ist überschätzt. Ein Medienphänomen. Das im Übrigen ARD und ZDF zu verantworten haben, als sie ihn nach seiner Ernennung zum Kanzlerkandidaten mit Sondersendungen gehypt haben. Er füllt nur ein Riesenvakuum aus, das durch Merkels Schwäche entstanden ist.

Was kritisieren Sie an ihm?
Seine Einmannshow, die er als Parlamentspräsident in Brüssel abgezogen hat. Wenn es ihm langweilig wurde, ist er einfach aufgestanden und gegangen. Seine Amtsführung haben fast alle als anmaßend und selbstgerecht empfunden, nie als neutral. Auch Bundestagspräsident Norbert Lammert ist nicht uneitel, aber er hat immer darauf geachtet, dass auch Minderheitsmeinungen hörbar waren, zum Beispiel in der Euro- und Griechenlanddebatte. Bei Schulz hingegen zeigte sich immer linke, sozialistische Schlagseite. Er hat das Amt für seine per-

sönlichen Zwecke ausgenutzt und sich wie der Ministerpräsident von Europa aufgeführt. Er ist ein linker Trump, hält sich nicht an Fakten und Abmachungen.

Wie meinen Sie das?
Im Gegensatz zum klaren Votum des Parlaments hat er sich gegen den Abbruch der Gespräche mit der Türkei wegen einer EU-Mitgliedschaft ausgesprochen. Ich gebe ihm auch die Schuld daran, dass die Engländer den Brexit gewählt haben. Schulz war dort ein rotes Tuch. Ohne Schulz, der dem britischen Premier David Cameron nicht entgegenkommen wollte, wäre Großbritannien immer noch in der EU. Schulz will die Vereinigten Staaten von Europa, das wäre das Ende von Europa.

Gibt es nichts Positives?
Doch. Er hat durch seine Art, sich selbst in den Vordergrund zu stellen, das Parlament bekannter gemacht. Aber er wollte, als Gabriels Rückzug noch nicht feststand, entgegen allen Abmachungen seine Amtszeit verlängern, das zeigt seinen Charakter. Mich hat das an Heide Simonis erinnert und an ihren berühmten Satz nach ihrer missglückten Wahl zur Ministerpräsidentin in Schleswig-Holstein: Und was wird aus mir? Sich als einfacher Abgeordneter ins EU-Parlament zu setzen, erschien ihm unter seiner Würde.

Nun besser verstanden –
Johanna Uekermann, Juso-Vorsitzende

Ohne die Jusos kann die SPD keinen munteren Wahlkampf machen. Johanna Uekermann ist zuständig für die Mobilisierung,

die 29-jährige Juso-Vorsitzende sitzt im Parteivorstand und re-
präsentiert rund 70 000 Jungsozialisten.

Spricht Martin Schulz junge Leute besonders an?
Ja, er ist ein leidenschaftlicher Redner und steht für ein starkes geeintes Europa, klare Kante gegen rechts und soziale Gerechtigkeit. Das sind alles Themen, die junge Leute umtreiben. Deren Leben wird immer unsicherer, beispielsweise durch befristete Arbeitsverträge. Da ist es schwer, eine eigene Wohnung zu haben oder eine Familie zu gründen.

Was unterscheidet Martin Schulz von Sigmar Gabriel?
Man glaubt ihm, dass er sich für Menschen einsetzt und sich für ihre Probleme interessiert. Er steht für einen Politikwechsel und nicht für die Große Koalition. Bei Sigmar Gabriel war das problematisch.

Wie ist der persönliche Umgang mit ihm?
Der Kontakt ist eng und wir Jusos erfahren gerade eine sehr große Wertschätzung für unsere Arbeit. Auf einer unserer Veranstaltungen, bei der Martin überraschend erschien, sagte er: Wenn es die Jusos nicht gäbe, müsste man sie erfinden. Er war ja selbst Juso, Sigmar Gabriel war bei den Falken. Da merkt man schon, dass Martin die Jusos einfach besser versteht. Der Ton hat sich geändert, und der Ton macht die Musik.

Würden Sie Martin Schulz bei einem Parteitag auch auf offener Bühne angreifen, wie Sie es mit Sigmar Gabriel getan haben?
Wenn es nötig ist, ja. Wir sind ein eigenständiger Jugendverband. Wir sind nicht wie die CDU, wo Konflikte versteckt

werden. Ich finde es besser, offen um die besten Lösungen zu ringen, statt jeden Konflikt totzuschweigen.

Können Sie Martin Schulz voll unterstützen?
Ja, ich habe keine Lust mehr auf Angela Merkel, auf diese dröge Art, Politik zu machen. Schulz ist programmatisch und stilistisch einfach anders. Der Linksruck in der SPD ist älter als Martin Schulz, aber er legt noch mal eine Schippe drauf. Und er gibt vielen durch seinen schwierigen Lebensweg ein Aufstiegsversprechen.

Ist es wieder sexy, Juso zu sein?
Es ist wieder sexy, politisch zu sein, sich einzumischen, einzutreten für eine fortschrittliche Gesellschaft. Man kann sich nicht mehr zurücklehnen, dafür ist die Lage zu ernst. 40 Prozent der rund 10 000 neuen Mitglieder, die eingetreten sind, seit Martin Schulz die Kandidatur erklärt hat, sind unter 35 Jahren. Das gibt Hoffnung.

Danksagung

Ich danke

... der wunderbar herzlichen Familie von Martin Schulz, die mir viele wichtige Hinweise gab, besonders seiner Schwester Doris ...

... allen freundlichen Rheinländern aus Würselen, die mir ihre liebenswerte Stadt gezeigt haben, allen voran Bürgermeister Arno Nelles ...

... meinen Musen Birgit Maria Wöber und Claudia Benz, die mir immer wieder neuen Stoff zu Martin Schulz geliefert und für mich Korrektur gelesen haben – und auch den Freundinnen und Freunden, die verstanden haben, dass so ein Buchprojekt einen sozialen Rückzug bedeutet ...

... allen meinungsfreudigen Menschen aus dem weiten Bereich der Politik, besonders aus der SPD ...

... allen Kollegen und Kolleginnen bei der *Bunten*, die sich mit mir über das außergewöhnliche Projekt gefreut und mich mental unterstützt haben ...

... dem tollen Herder-Team um Programmleiter Jens Schadendorf, das mit Präzision, Hartnäckigkeit und mancher Überstunde den Text verfeinert und damit bewiesen hat, dass Schnelligkeit und Gründlichkeit sich nicht ausschließen ...

... und meinem viel zu früh verstorbenen Kollegen Paul Sahner, der die Vermenschlichung und Verständlichkeit von Politik zu einer Kunst gemacht hat. Der Anspruch, den Menschen in all seinen Eigenarten und Brüchen zu zeigen, und nicht nur in seiner Funktion, hat uns immer verbunden. Wenn es einen Journalistenhimmel gibt, schicke ich ihm einen Gruß hoch.

Die erste Biografie zum neuen Bundespräsidenten

256 Seiten | Gebunden
mit Schutzumschlag
ISBN 978-3-451-37826-3

Frank-Walter Steinmeier gilt heute als der beliebteste deutsche
Politiker und ist für viele überzeugender Garant der demokratischen Stabilität. Torben Lütjen und Lars Geiges haben nicht
nur seinen politischen Weg, sondern auch die gesellschaftlichen Umwälzungen der letzten Jahre beobachtet. Was prägt
den Menschen und was treibt den Politiker Steinmeier an? Wer
ist der Mann, der mit breiter Mehrheit zum neuen Bundespräsi-
denten gewählt wurde? Ein spannendes Buch über eine unge-
wöhnliche Biografie und über den Zustand unserer Republik.

In jeder Buchhandlung!

HERDER   www.herder.de